小微贷细细读

胡冬鸣　编著

中国财经出版传媒集团
中国财政经济出版社

图书在版编目（CIP）数据

小微贷细细读／胡冬鸣编著．—北京：中国财政经济出版社，2018.9

ISBN 978－7－5095－8518－4

Ⅰ.①小…　Ⅱ.①胡…　Ⅲ.①农业企业－中小企业－贷款管理－研究－中国　Ⅳ.①F832.42

中国版本图书馆 CIP 数据核字（2018）第 208307 号

责任编辑：李　冰　　　　责任校对：李　丽

封面设计：孙俪铭

中国财政经济出版社 出版

URL：http：//www.cfeph.cn

E－mail：cfeph@cfeph.cn

社址：北京市海淀区阜成路甲 28 号　邮政编码：100142

营销中心电话：010－88191537　北京财经书店电话：64033436　84041336

北京富生印刷厂印刷　各地新华书店经销

880×1230 毫米　32 开　8 印张　174 000 字

2018 年 10 月第 1 版　2018 年 10 月北京第 1 次印刷

定价：35.00 元

ISBN 978－7－5095－8518－4

（图书出现印装问题，本社负责调换）

本社质量投诉电话：010－88190744

打击盗版举报热线：010－88191661　QQ：2242791300

作者写在前面的话

根据国家工商总局2017年3月数据显示，我国西部10个省市的小微企业超过160万户，占全国企业实有总户数的16.16%；中部9省市小微企业超过220万户，占全国企业实有总户数的22.24%；东部12省市小微企业超过600万户，占全国企业实有总户数的61.60%。中国小微企业提供的工业总产值、销售收入、利税总额分别占中国经济总量的60%、57%和40%。小微企业创造的产值已经超过中国经济产值的一半，但是伴随其发展过程中的问题也开始日渐凸显。由于企业规模小、抗风险能力弱等内在原因以及结构调整、节能减排、成本上升等外部环境的改变，多数小微企业面临严峻的生存压力，特别是融资难的问题亟待给予政策和实践方面的支持。近些年来，国内各家商业银行针对小微企业的产权性质和业务特点，采取灵活多样的抵押质押保证方式，大力推进金融产品的不断创新，努力解决小微企业贷款难问题，提升小微企业金融服务效率，为小微企业的发展提供更加方便、更加快捷、更加安全、更加优质的金融服务。截至2017年末，全国小微企业贷款余额30.74万亿元，同比增速15.14%，比各项贷款平均增速高2.67个百分点；小微企业贷款余额户数1 520.92万户，较上年同期增加159.82万户。而为了加大对小微企业的政策倾斜和支持力度，财政部、国家税务总局同年还印发了《关于支持小微企业融资有关税收政策的通知》（财税〔2017〕77号），规定自2017年12月1日至2019年12月31日，将金融机构利息收入免征增值税政策范围由农户扩大到小微企业和个体工商户，进一步加大对小微企业的扶持力度，有效缓解小微企业融资慢、融资难、融资贵问题。进入2018年，金融调控着力缓解小微企业金融服务供给不充分、结构不均衡的问题，推动银行业小微企业金融服务由高速增长转向高质量发展。银监会网站2018年3月19日消息，中国银监会办公厅印发了《中国银监会办公厅关于2018年推动银行业小微企业金融服务高质量发展的通知》。该通知在继续监测“三个不低于”、确保小微企业信贷总量稳步扩大的基础上，重点针对单户授信1 000万元以下（含）的小微企业贷款，提出“两增两控”的新目标，“两增”即单户授信总额1 000万元以下（含）小微企业贷款同比增速不低于各项贷款同比增速，贷款户数不低于上年同期水平，“两控”即合理控制小微企业贷款资产质量水平和贷款综合成本；突出对小微企业贷款量质并重、可持续增长的监管导向。该通知同时从完善机构体系、提升服务效率、改进贷款支付、落实尽职免责、盘活信贷资源、主动开展信息披露等方面提出具体要求，强调商业银行要认真贯彻落实党中央、国务院决策部署，回归本源、专注主业，用好用足激励政策，实现银行业小微企业金融服务从“量”的扩大转向质量、效率、动力的变革。

笔者曾经在农村生活过很长一段时间，后又由于工作的原因，接触到农村众多小微企业的经营者，感受到项目在手而缺乏资金支持的苦恼。农民创业者有的时候对贷款问题感觉非常茫然和不解，特别是缺乏对信贷服务方面的具体政策知识的了解。作者在出版《致富小微贷》这本小册子三年后的2018年重新动笔写作《小微贷细细读》时，仍然感觉它还像个新鲜事物一样，并有必要借出版这个平台更加系统介绍目前商业银行小微企业贷款的主要产品及其特点、贷款政策及其要求、借款人申请贷款应该怎样去准备材料、怎样应对信贷员的贷前调查，特别是在众多的互联网金融平台下怎样选择小微贷款产品。当然，介绍国内小微企业贷款诸多优惠政策、贷款进账还账的会计手续办理、如何测算企业流动资金贷款需要量、如何积攒企业的信用记录，以及如何规划企业还贷的现金流问题，也在这本册子里有着更加详细的阐述，并补充了大量新的信息。《致富小微贷》曾经多次再版。笔者自然也希望这本小册子的发行能够对经营者提供更多小额信贷方面知识与政策的解读。

作者写于融科香雪兰溪

2018年5月

目　录

一、盘点一下商业银行的小微企业贷款产品

目前各家商业银行小微企业贷款产品可谓丰富多彩、手续简便。若小微企业的贷款按信用程度来划分则主要包括有信用贷款、担保贷款和票据贴现三类贷款。其中，信用贷款是指以借款人的信誉发放的贷款。担保贷款是指需要一定的担保条件的保证贷款、抵押贷款、质押贷款。保证贷款是指按规定的保证方式以第三人承诺在借款人不能偿还贷款时，按约定承担一般保证责任或者连带责任而发放的贷款。抵押贷款是指按规定的抵押方式以借款人或第三人的财产作为抵押物发放的贷款。质押贷款是指按规定的质押方式以借款人或第三人的动产或权利作为质物发放的贷款。票据贴现是指贷款人以购买借款人未到期商业票据的方式发放的贷款。

若小微企业的贷款按其在生产经营活动中占用形态划分则主要包括有流动资金贷款和固定资产贷款。其中，流动资金贷款是为满足生产经营者在生产经营过程中短期资金需求，保证生产经营活动正常进行而发放的贷款。流动资金贷款可分为工业流动资金贷款和商业流动资金贷款，以及其他流动资金贷款。固定资产贷款是银行为解决企业固定资产投资活动的资金

需求而发放的贷款，主要用于固定资产项目的建设、购置、改造及其相应配套设施建设的中长期贷款。

目前，国内最大的五家股份制商业银行（中国工商银行股份有限公司、中国农业银行股份有限公司、中国建设银行股份有限公司、中国银行股份有限公司、交通银行股份有限公司）都有相应的小微企业贷款产品。即使是类似中信银行股份有限公司一类的中小银行虽然规模较小一些，也有丰富的小微企业贷款产品。

中国农业银行小微企业主要贷款产品有：

1. 简式贷。该种贷款用来满足小微企业客户生产经营过程中的周转性、季节性、临时性流动资金需要。产品的特点是：（1）融资额度灵活。融资额度可根据小微企业的资金需求以及担保情况灵活确定，最高可达3 000万元。（2）担保方式多样。可采用国有土地使用权、房地产、存单、国债、银行票据全额抵（质）押或保证担保方式。（3）业务流程便捷。该产品采用快捷的符合小微企业特点的客户评级方式，评级、授信和用信同时审批，手续简便、放款迅速。

2. 置业贷。该种贷款用来满足小微企业购置工商物业的融资需要，缓解客户因一次性大额支出而造成的资金周转困难。（1）贷款额度高。贷款金额根据工商物业抵押价值确定，最高可达3 000万元。（2）贷款期限长。贷款期限结合企业的预期现金流、盈利能力和偿债能力等因素综合确定，最长可达10年。（3）还款压力小。采用分期还款方式，借款人按月还本付息，还款压力小，为客户灵活安排生产经营留出充足的空间。

3. 经营贷。满足小微企业涉及物业维护、改造、装修、招商等经营性固定资产融资需求以及借款人生产经营中的其他合法资金需求。产品特点是：（1）贷款期限长。贷款期限最长可至10年，有效支持物业持有人进行物业改造升级。（2）贷款用途多。有效满足持有人在经营期间的装修、维护、改造等多方面资金需求，资金用途灵活。（3）还款压力小。按月还本付息，单期还款压力小，为企业灵活安排经营资金留出充足空间。

4. 科创贷。该种贷款主要满足科技型中小企业在技术转化和产业化过程中的融资需求。产品特点是：（1）融资额度高。贷款额度最高可达8 000万元，可有效满足企业经营需要。（2）贷款利率低。企业可享受优惠融资利率，节省融资费用。（3）担保方式活。可采用政府增信、保证保险等多种担保方式办理业务。

5. 强农贷（内蒙古分行）。该种贷款主要用于满足对贫困旗县有带动作用的县级以上扶贫龙头企业及农牧民专业合作社的生产经营过程中周转性、季节性、临时性资金需要。产品特点是：（1）融资额度灵活。融资额度可根据企业的实际资金需求确定，最高可达5 000万元。（2）担保方式多样。可根据企业的担保能力采取抵质（押）物担保、保险公司"履约保证保险"、"政府风险补偿资金"等三种担保方式进行灵活组合。

6. 金担通（安徽分行）。主要用于满足小微企业流动资金贷款需求，解决小微企业无法提供合格押品、押品不足、押品变现能力弱等抵押担保难问题。产品特点：（1）贷款额度高。单户贷款额度最高可达2 000万元。（2）保证金比例低。金担通保证金比例只有10%。

中国银行中小企业主要贷款产品有：

1. 快易贷。是中国银行根据中小企业客户提供的足额有效的抵（质）押担保，并由企业实际控制人或股东提供连带责任保证担保，中行在标准时间内完成审批流程并发放授信的一种产品。适用年销售收入不超过1.5亿元人民币的批发类客户，以及年销售收入不超过1亿元人民币的非批发类客户，涵盖国家标准的小企业和部分中型企业。产品特点：（1）申请手续简便。符合授信条件且资料齐全，T+3日即可获得贷款资金。（2）产品丰富多样。客户可申请流动资金贷款、承兑汇票、信用证等产品在内的各种短期授信业务。（3）用款灵活掌握。额度项下，授信资金循环使用，“随借随还”贴心服务。

2. 农腾通达（安徽分行）。是针对“公司+基地+农户”的生产经营运作模式的涉农企业，客户提供中银认可的担保方式，中银向其提供短期融资授信产品。适用拥有农产品自主品牌，生产经营模式以公司为主导，产品销售渠道稳定，销售量持续增长，当地农业产业化龙头企业。（1）重点支持“公司+基地+农户”模式运营的省级农业产业化龙头企业。（2）根据企业实际运营情况，提供一定额度的信用授信。（3）在一定限额内，贷款资金可自主支付，方便快捷。

3. 村村通（苏州分行）。“村村通”是中银向符合条件的村级集体经济组织发放的用于支持农业发展的流动资金贷款。贷款可用于支持特色生态农业、休闲旅游、公共服务设施的维护修缮、绿化水利灌溉的实施、粮食生产等。适用村级集体经济组织。产品特点：（1）专享绿色审批通道；（2）业务流程简便，提款快速便捷；（3）提振农村经济，惠村惠民。

4. 供应链应收账款融资（广东分行）。“供应链应收账款融资”是中银准入的核心企业向中银批量推荐上游客户，中银以核心企业开立的电子商业承兑汇票作为质押，为客户提供融资授信。适用年销售收入不超过1亿元（批发类企业年销售收入不超过1.5亿元）的企业法人客户或具有独立融资权的非法人企业客户。产品特点：（1）依托核心企业产业链，为上游中小企业客户提供融资；（2）为核心企业增信，有助于降低融资成本；（3）优化财务报表，提高核心企业经营管理水平。

5. 联保通（河南分行）。中小企业按照中行规定组成联保小组，由联保小组成员共同交纳保证金并相互承担连带保证责任，中银对联保小组成员实行等额批量融资的授信产品。适用缺乏传统抵质押担保物的中小企业客户。产品特点：（1）破解了中小企业贷款“抵押难”、“担保难”问题；（2）创新以联保小组成员相互监督管理作为补充的风险管理模式；（3）批量支持中小企业获得银行融资。

6. 微贷通（上海分行）。“微贷通”是中银针对小微企业在其不具备足额有效抵质押担保的情况下，借款人及实际控制人凭借自身信用向中银申请短期流动资金贷款，用于满足借款人的日常营运需求。适用重点支持科技型、文化创意型、贸易型和服务型小微企业；优先支持上海市科技小巨人企业、上海市科技小巨人培育企业、上海市高新技术企业、“专精特新”企业等。产品特点：（1）企业及企业实际控制人凭借自身信用向银行申请流动资金贷款；（2）免抵押、免质押、免担保公司担保；（3）还款方式多样，随借随还。

7. 中银农社通宝（北京分行）。“中银农社通宝”是中银面向农民专业合作社推出的专项融资产品，用于支持合作社主营业务的上游采购，扶持合作社稳定生产经营，进一步扩大营业规模。适用主营业务清晰，产品具有一定销售市场的农民专业合作社。融资需求不超过1 000万元。实际控制人提供个人连带责任保证担保。产品特点：（1）专门面向合作社组织提供贷款支持；（2）贷款执行优惠利率；（3）根据农业部门相关政策，授信企业可享受贷款贴息。

8. 农产通达（安徽分行）。针对安徽省内县级以上农业产业化龙头企业提供融资服务，解决企业生产经营中的流动资金不足问题，中银提供一年期流动资金贷款或季节性流动资金贷款。适用获得县级及以上人民政府相关部门认定的农业产业化龙头企业，从事农业相关的农副食品加工业、食品制造业、饮料制造业等。产品特点：（1）核定一年期生产经营性贷款，或季节性农副产品采购专项贷款，解决企业收购期内资金需求量大、时间紧迫的难题；（2）可对抵押物的抵押价值进行适度放大，或视情况核定信用额度；（3）授信品种包括流动资金贷款、开立银行承兑汇票等短期授信业务。

9. 中银农贷通宝（山东分行）。“中银农贷通宝”是指借款人以农副产品作为抵质押物，并将其交由中银委托的仓储监管公司实施监管，公司实际控制人提供个人连带责任保证担保，中银向借款人提供综合授信支持。适用具有一定经营实力的农副产品加工、经营企业。产品特点：（1）标的物为农副产品，价格透明、品质易于确定、易于保存和处置变现；（2）为农副产品生产、加工经销企业提供了一种新的融资方式，拓宽融资渠道；（3）盘活企业存货，减轻因存货增加带来的资金周转压力；（4）扩大企业经营规模，提高企业经营利润。

10. 中小企业“POS 贷”（上海分行）。“中小企业 POS 贷”是中银针对使用 POS 机获取稳定销售回款的服务型中小企业客户，根据其销售回款情况，向其提供短期流动资金贷款，主要用于其原材料采购、支付房租、门店装修等日常经营支出。适用以 POS 机作为主要销售回款的服务型中小企业客户。产品特点：（1）安装中行或指定的第三方支付机构 POS 机；（2）通过历史月均 POS 流量来核定贷款总量；（3）提供个人连带责任保证担保，可追加个人房产抵押。

11. 科保通（上海分行）。“科保通”是指采用银行、政府、保险/担保公司多方风险共担的方式，共同对中小企业授信进行有效的风险缓释，中银为科技型中小企业提供短期流动资金贷款的业务。适用科技型中小企业客户。产品特点：（1）助力科技型中小企业融资，获得更高贷款额度；（2）政策扶持，可享受 50% 保险费/担保费补贴；（3）提供中银融智（选择权贷款）业务。

12. 中银兴隆通宝（浙江分行）。“中银兴隆通宝”是中银针对符合规定的优质中小企业授信客户开辟快速审批绿色通道，采用简化的信贷提案、标准清单及审查审批表，实行标准化的业务发起及审批，将审批时效控制在 5 个工作日内的标准化产品。适用能够提供全额房产抵质押担保的中小企业客户。产品特点：（1）审批时效快：资料齐全的情况下，5 天内完成授信审批；（2）业务流程简：资料简单，流程简捷。

13. 商户便利贷（浙江分行）。是中银向持有营业执照和贷款卡，具备字号或商号的中小企业（含个体工商户，以专业市场中的商户为主），提供用于其正常生产经营所需的短期或中期授信产品。适用个体工商户及法人企业客户。(1) 无须具备财务报表；(2) 可采用专业市场商位使用权质押；(3) 担保方式灵活多样。

14. 小额贷（江苏分行）。“小额贷”是客户提供符合一定条件的足额抵押担保或保证担保，中银在标准时间内完成审批流程并发放贷款的一种授信产品。适用年销售收入不超过1.5亿元人民币的批发类客户；年销售收入不超过1亿元人民币的非批发类客户。产品特点：(1) 简化的业务流程。依托“中银信贷工厂”服务模式，提供全流程贴心服务。(2) 高效的审批效率。客户资料齐全的情况下，我行在三个工作日内完成授信审批。(3) 简化的授信材料。授信资料简洁，简化授信申请手续。

15. 保贷通（吉林分行）。“保贷通”产品是由中银准入的融资性担保机构为中小企业提供连带责任保证担保，中银向中小企业客户提供授信支持，从而满足其经营所需的流动资金需要。适用年销售收入不超过1.5亿元人民币的中小企业客户。产品特点：(1) 担保公司合作，实现客户资源共享；(2) 解决中小企业无法提供有效担保或担保不足的难题；(3) 实行绿色通道，简捷快速审批。

中国工商银行小微企业主要贷款产品有：

1. 小额担保贷款。工商银行为满足小微客户生产经营过程中短期资金周转需要发放的小额担保类贷款。适用对象：微型企业、小微企业主、个体工商户。产品特点：贷款额度可循环使用，随借随还，手续简便。

2. 小额信用贷款。工商银行向生产经营状况稳定、经济效益良好、还款来源充足的小微企业发放的短期、小额、信用方式贷款。适用小型企业、微型企业。产品特点：（1）适用客户广泛，用款灵活；（2）无需担保，纯信用贷款。

3. 小额纳税信用贷款。工商银行为经营稳定、发展前景良好的小微客户，基于其纳税行为发放的小额信用方式贷款。适用小型企业、微型企业，小微企业主、个体工商户。产品特点：（1）无需担保，纯信用；（2）直观简洁，随借随还，手续简便。

4. 小微惠农贷（吉林分行）。是工行推出的覆盖涉农融资需求的产品合集，下设“农担贷”“农机贷”“土地贷”“养殖贷”和“农特产品贷”五款子产品。其中：“农担贷”是以吉林省农担公司为贷款提供保证担保的贷款产品；“农机贷”是以农机（含库棚）补贴作为第一还款来源，用于支持购买农机或新建、改扩建库棚等资金需求的贷款产品；“土地贷”是以借款人的农村土地经营权抵押的贷款产品；“养殖贷”是由大型养殖集团提供保证、用于支持养殖合作社购建养殖场所和经营周转的贷款产品；“农特产品贷”主要是针对省内人参、杂粮杂豆、果仁三大集群市场的贷款产品。适用依法设立，经工商行政管理部门核准登记；至少经历1个完整生产周期；法定代表人（理事长）及主要出资人无不良信用记录，不涉及诉讼；信用等级符合分行准入要求的客户。产品特点：（1）贷款额度最高达3 000万元；（2）期限最长达6年；（3）产品用途广泛，担保方式多样。

5. 小微循环贷（浙江分行）。指工行与小微企业一次性签订循环借款合同，在合同规定的额度和有效期内，借款人通过网银自主提款、还款并循环使用的贷款。适用有固定的经营场所，生产经营稳定，企业经营管理者及其配偶无不良信用记录；持续经营满一年；采取符合工行贷款担保管理办法规定的房地产抵押、金融资产质押，或者其他担保的客户。产品特点：（1）期限原则上不超过1年。确有需要的，可采用“1+1”模式，即借款人可以申请最长2年期业务。（2）小型企业一般不超过3 000万，微型企业一般不超过500万。（3）采取符合工行贷款担保管理办法规定的房地产抵押、优质金融资产质押。（4）提款还款实时到账，随时准备为客户服务。（5）跨区域服务，不受空间限制。（6）一次签约一年有效，有效期内循环使用。

6. 小额抵押贷（广东分行）。是工行向生产经营状况稳定、经济效益良好，还款来源充足的小微企业发放的全额房地产抵押贷款。适用符合工行小、微型企业界定标准；企业持续经营1年（含）以上；若贷款用于购建资产，须持续经营2年（含）以上；为工行结算户，信誉良好，不涉诉讼；能提供符合工行认可的房地产抵押担保；符合工行行业（绿色）信贷政策的相关规定。产品特点：（1）单户最高不超过500万元；（2）贷款用于流动资金，期限最长3年；贷款用于购建资产，融资期限最长10年；（3）设绿色审批通道，审批标准化、环节少；（4）还款方式灵活，期限在1年（含）以内的，可到期一次性还款；期限超过1年的，可灵活选择按月或按季还款。

7. 小微商票通（河北分行）。指工行以核心企业开立的电子商业承兑汇票项下销售回款作为第一还款来源，以借款人股东连带责任保证作为担保，为上游供应商提供个性化短期融资产品。适用成立时间2年（含）以上，生产经营正常，具备相应供货（服务）履约能力。与核心企业合作1年（含）以上，履约记录良好，销售回款正常，期间未发生重大贸易纠纷，且非交易对手的关联方。以往对核心企业的销售款均能正常收回，积极配合银行开展贸易背景核查的小微客户。产品特点：（1）融资金额一般不超过电子商业承兑汇票票面金额的90%；（2）融资到期日不晚于电子商业承兑汇票到期日后10个工作日；（3）担保方式为电子商业承兑汇票项下应收账款质押。

8. 结算信用贷（重庆分行）。指工行利用人行、工商、税务、法院、银行流水等大数据，通过计算机系统进行客户风险识别后，针对重庆辖内具有稳定结算交易流水的小微企业无贷户推出的一款小额信用融资业务。适用经工行数据筛选后，日均存款符合一定标准，连续三年在工行有稳定流水，经营正常的小微无贷户。对目标客户实行名单制管理。产品特点：（1）单户融资额度最高不超过200万元；（2）贷款期限可以选择半年或者一年；（3）无需抵质押物；（4）手续简便、凭流水记录即可获得贷款。

9. 小微创业贷（江苏分行）。是工行以小微企业创业创新发展融资基金作为增信手段，按照一定放大倍数对符合条件的小微企业发放的贷款，以解决小微企业成长发展过程中正常生产经营所需资金。适用符合江苏经济发展战略，重点支持各类传统产业和新兴产业中的小微企业，包括生产、加工、服务、贸易企业并优先做好小微企业创业创新项目的扶持。产品特点：（1）以法人名义申请的最高不超过500万元，以个人名义申请的最高不超过300万元；（2）贷款期限在1年以内，最长不超过2年；（3）以江苏小微企业创业创新发展融资基金提供增信，若贷款主体为企业法人的，需法人代表夫妻双方承担连带责任；（4）受众广、门槛低、速度快、成本优。

中国建设银行小微企业贷款主要产品有：

1. 助保贷。建设银行与政府合作，在企业提供一定担保的基础上，由企业缴纳一定比例的助保金和政府提供的风险补偿资金共同作为增信手段的信贷业务。适用经国家工商行政管理机关核准登记的小企业，且已进入小微企业“助保贷”目标客户库名录的小微企业。产品特点：政府增信，优化担保要求和融资成本。

2. 供应贷。是指建设银行为特定优质客户的上游供应商小微企业办理的，并以两者之间具有真实交易且无争议的应收账款作质押的贷款业务。适用经国家工商行政管理机关核准登记的小型和微型企业。产品特点：供应链融资业务，采用应收账款质押方式，以到期的应收账款作为还款来源。

3. 置业贷。是建设银行向小微企业发放的，专门用于购置商业用房、办公用房、标准厂房、仓储用房、机器设备等固定资产以及装修商业用房、办公用房的人民币贷款业务。适用有固定资产购置需求的小企业。产品特点：轻松置业，扩大生产。

4. 保贷通。是指建设银行向投保“小企业贷款履约保证保险”的小企业办理的信贷业务。适用经国家工商行政管理机关核准登记的小企业。产品特点：由保险公司提供小企业信贷履约保证保险。

5. 额度抵押贷款。是建设银行向小企业发放的、采取抵押方式、可在贷款额度有效期间内一次抵押、循环使用的贷款。适用经国家工商行政管理机关核准登记的小企业客户。产品特点：一次抵押，循环使用。

6. 租贷通。是卖场内的若干小企业商户向建设银行申请贷款，由卖场（包括百货商场、专业市场、小商品市场、商业街和商贸楼）提供连带责任保证的流动资金贷款业务。适用经国家工商行政管理机关核准登记的、在卖场中经营的小企业客户。产品特点：租金贷款，稳定经营。

7. “诚贷通”小额无抵押贷款。是建设银行为小企业客户发放，由企业主或企业实际控制人提供个人连带责任保证，无需抵（质）押物，用于小企业客户生产经营资金周转的人民币循环额度贷款。适用经国家工商行政管理机关核准登记的小企业客户。产品特点：无抵押、可循环、随借随还，年审通过后额度及贷款期限自动延续。

8. 快捷贷。是指建设银行为满足小微企业生产经营周转的融资需求，对于能够提供建设银行认可的金融质押品的借款人，通过低风险信贷业务流程办理的短期信贷业务。适用能够提供合格金融质押品的小微企业。产品特点：通过质押快速解决资金需求。

9. 小额贷。是针对单户授信总额人民币 500 万元（含）以下小微企业客户办理的信贷业务。适用经国家工商行政管理机关核准登记的小型和微型企业。产品特点：手续简单，流程快捷，满足小微企业客户“短、小、频、急、散”的贷款需求。

10. 税易贷。建设银行对按时足额纳税的小微企业发放的，用于短期生产经营周转的可循环的人民币信用贷款业务。适用优质纳税小微企业。产品特点：纳税信用贷款。

11. POS 贷。建设银行根据小微企业特约商户银行卡收单交易情况，向其发放的用于短期生产经营周转的可循环的人民币信用贷款业务。适用 POS 收单商户小微企业客户。产品特点：根据 POS 交易情况发放信用贷款。

12. 善融贷。是建设银行对结算稳定并形成一定资金沉淀的小微企业发放的，用于短期生产经营周转的可循环的人民币信用贷款业务。适用经国家工商行政管理机关核准登记的小微企业，重点支持在建设银行结算稳定的小额无贷户。产品特点：面向建设银行结算客户，纯信用、无担保。主动提供授信额度。

13. 结算透。是建设银行依据企业的交易结算记录，对结算频繁并形成一定资金沉淀的小微企业发放的人民币小额透支业务。适用在建设银行开立结算账户的小微企业。产品特点：(1) 多渠道应用，可以通过企业网银、ATM 机、POS 机、柜面等渠道，实现多渠道的支用和还款；(2) 触发式的贷款支用，当账户支付金额超过透支账户的存款余额时，自动触发透支。

14. 创业贷。是建设银行对“有业、有责、有信”的小微企业发放的用于短期生产经营周转的可循环的人民币信用贷款业务。适用“有业、有责、有信”的小微企业客户，创业期的小微企业客户。产品特点：助推创业企业成长。

15. 信用贷。是建设银行在综合评价企业及企业主信用的基础上，对资信好的小型微型企业发放小额的、用于短期生产经营周转的人民币信用贷款业务。适用建设银行私人银行客户；专业市场（综合市场）、核心大企业上下游、工业园区中信誉良好的小微企业；在建设银行有持续稳定结算业务的小微企业；能够获得政府鼓励扶持或贷款贴息、有发展潜力的初创期小微企业。产品特点：纯信用贷款。

中信银行小微企业贷款主要产品有：

1. 信捷贷。是中信银行针对小企业资金需求急的特点，简化申请手续，优化审批流程，快速满足小企业资金需求的贷款产品。适用于经营情况及信用情况良好、有固定营业场所的小企业、个体工商户和小企业主。产品种类有抵押贷、质押贷、保证贷、信用贷四种。产品特点：（1）申请容易，资料简洁；（2）流程简便，审批快捷；（3）担保多样，方式灵活；（4）循环使用，随借随还。

2. 助融贷。是中信银行针对难于提供有效抵质押担保的小企业，利用第三方出资或借款人自身提供保证金的方式，形成风险缓释资金池，为客户提供增信的贷款产品。适用于市场、园区、商会、协会等集群以及供应链上下游的小企业、个体工商户和小企业主。产品种类有互助式和合作式两种。产品特点：（1）无需抵押，依托风险缓释资金池，解决担保难题；（2）放大信用，配置资金池金额3～8倍的授信金额；（3）风险共担，批量化申请，抱团式发展；（4）用款灵活，循环额度，随借随还。

3. 商户贷。是中信银行针对商贸批发及零售市场内的商户，基于商铺租售价值或商铺经营流水量为其提供一定金额的贷款支持。适用于信用情况良好，在与民生密切相关的商贸批发及零售市场内经营良好的商户。产品种类有物业贷、租权贷、租金贷、联保贷、流量贷、信用贷多种产品。产品特点：（1）专属产品，为市场商户量身定制；（2）批量申请，简化手续，快速批贷；（3）担保多样，多种担保方式任选择；（4）个性还款，匹配现金流灵活还款。

4. POS贷。是中信银行针对POS机收单商户，依据其一定期限内的 POS 入账金额，给予其一定金额贷款的业务。贷款额度一般为客户月均 POS 流水量的 3 倍。适用于有固定营业场所的 POS 收单商户。产品特点：（1）信用贷款，无需抵押；（2）手续简便，审批快捷；（3）循环使用，随借随还；（4）主动授信，送贷上门。

交通银行小微企业贷款主要产品有：

1. 小企业流动资金贷款。小企业因生产经营活动产生对流动资金的需求，无法由自有资金满足时，向交通银行申请的授信品种。适用自有流动资金不足，需获得银行信贷支持的小微企业。

2. 小企业固定资产贷款。交通银行发放的，用于小企业客户新建、扩建、改造、购置、安装固定资产等资本性投资支出的中长期贷款。适用面临固定资产投资，例如厂房建设、技术改造、设备安装等，但自有资金不足、需获得银行信贷支持的小微企业。

3. 法人账户透支。交通银行与企业订立协议，向其提供在结算账户存款余额以外、核定额度内的透支款项，用以弥补正常经营活动中的临时支付不足的融资便利。方便企业资金管理，弥补企业正常经营活动中的临时支付不足，免去了借款和还款的繁琐手续，节约企业财务费用。

4. 惠农通（黑龙江分行）。专为现代农机合作社购置农机而设计的贷款产品，根据交通银行黑龙江省分行与黑龙江省政府达成的约定，为支持黑龙江省千亿斤粮食产能工程，交通银行向各粮食主产区现代农机合作社提供农机购置贷款。其中，国家和省财政负责偿还 60% 本息，其余 40% 由合作社自行偿还。适用经黑龙江省农委批准列入国家财政补贴范围的现代化农机专业合作社。产品特点：（1）手续简便、融资金额高；（2）先贷款后抵押，贷款发放后由省农机公司集中采购农机设备，设备到位后再办理抵押手续。

5. 优贷通。是对以交通银行作为主要结算银行的小微客户，依据其经营资金回笼情况，综合考量客户贡献度和信贷风险，核定其信用额度和调减利息的优惠授信政策。适用以交通银行作为主要结算银行，且企业及其关键人在交通银行账户形成一定资金沉淀量的优质客户。产品特点：（1）增加信用额度，最高可享500万元信用贷款额度；（2）调减贷款利息，在原有利率定价基础上可享受调减利息优惠；（3）积点分档定价，交通银行将客户部分存款、理财及与经营相关的部分签约业务等换算累计为积点，在对贷款按基准利率上浮一定比例的基础上，符合条件的客户，在不超过可调减利息上限情况下，使用积点越多，可调减的利息越多；（4）关联关键人，积点共享；（5）渠道自助调减利息，灵活便捷。

6. 税融通。根据税务机关记录的企业真实涉税数据，为持续稳定经营且信誉度好的小微企业提供用于日常生产经营周转的人民币贷款服务。适用规范纳税、诚信经营的小微企业。产品特点：（1）授信额度高：信用额度最高200万元人民币，如能提供其他担保措施，则授信额度可达2 000万元人民币。（2）担保方式多样：抵押、质押、保证的一种或多种组合为主担保方式，并可与信用方式组合办理；符合交行相关政策条件的优质借款企业，可办理纯信用贷款。（3）授信期限合理：最长1年，满足小微企业日常生产经营周转需求。（4）还款方式灵活：方式不限，可采用利随本清、等额本金、等额本息等多种还款方式。

7. 快捷抵押贷。交通银行向借款企业发放的，以借款企业提供的产权明晰、变现能力较强的住宅（保障性住房除外）、办公楼及商铺作为抵押物的小微企业授信。适用自有流动资金不足、但拥有有效抵押物，需获得银行信贷支持的小微企业。产品特点：（1）盘活资产、快速估值；（2）一次抵押、长期使用；（3）随借随还、快捷省钱；（4）授信年审、手续简便。

二、把政府和银行小微企业贷款的优惠政策用足

就目前来看，国家对小微企业主要采取帮扶政策，包括对小微企业贷款实行多种优惠。如果您的小微企业需要贷款，那您一定要对以下优惠政策多加关注：第一是贷款利率方面的优惠。目前对许多类别的小微企业贷款扶持采取由金融机构贷款、指定担保机构担保、而政府部门进行贴息的政策支持办法。这样的贷款其利率相对会非常便宜和划算。第二是担保方面的优惠。不少地区小微企业扶持是采取由政府部门为企业贷款担保，金融机构提供贷款的做法，或者是由金融机构放款，担保公司提供担保，政府补贴担保费的做法。这样操作，众多小微企业可以在抵押物不足的情况下直接获得商业银行贷款支持。第三是放贷速度提升。大中型企业贷款从申请到放款通常会有一个相对较长的审批过程，有的企业贷款审批时间长达三四个月。但目前大多数金融机构对小微企业贷款都提供了专门的“快速通道”，企业提交申请后能快速获得资金入账支援。第四是贷款门槛降低。小微企业资质不如大中企业“殷实”，常常无法提供充足的抵押物或者理想的经营流水证明。鉴于此，金融机构针对小微企业普遍降低了贷款要求，降低了小微

企业获得贷款的难度。不过这类贷款目前也是需要有第三方政府或者担保公司进行担保。

在中国政府网2012年4月26日发布的《国务院关于进一步支持小型微型企业健康发展的意见》中指出，将依法设立国家中小企业发展基金并分五年到位。基金主要用于引导地方、创业投资机构及其他社会资金支持处于初创期的小型微型企业。其主要内容有：（1）财政资金支持方面，中央财政将中小企业专项资金规模由128.7亿元扩大到141.7亿元，并将逐年增加资金总规模；中央财政安排150亿元资金设立国家中小企业发展基金，主要用于引导地方、创业投资机构及其他社会资金支持处于初创期的小型微型企业。（2）融资担保服务方面，一是对年度新增担保业务额达净资产3倍以上且主要为中小企业提供贷款担保的担保机构，可继续享受免征三年营业税的优惠政策；二是通过中央财政资金对担保机构的风险补助和保费补贴，鼓励担保机构提高小型微型企业担保业务规模，降低对小型微型企业的担保收费；三是推动再担保机构发展，强化其分散风险、增加信用的功能。努力缓解小型微型企业融资困难的政策如下：

1. 落实支持小型微型企业发展的各项金融政策。银行业金融机构对小型微型企业贷款的增速不低于全部贷款平均增速，增量高于上年同期水平，对达到要求的小金融机构继续执行较低存款准备金率。商业银行应对符合国家产业政策和信贷政策的小型微型企业给予信贷支持。鼓励金融机构建立科学合理的小型微型企业贷款定价机制，在合法、合规和风险可控前提下，由商业银行自主确定贷款利率，对创新型和创业型小型微型企业可优先予以支持。建立小企业信贷奖励考核制度，落实已出台的小型微型企业金融服务的差异化监管政策，适当提高对小型微型企业贷款不良率的容忍度。进一步研究完善小企业贷款呆账核销有关规定，简化呆账核销程序，提高小型微型企业贷款呆账核销效率。优先支持符合条件的商业银行发行专项用于小型微型企业贷款的金融债。支持商业银行开发适合小型微型企业特点的各类金融产品和服务，积极发展商圈融资、供应链融资等融资方式。加强对小型微型企业贷款的统计监测。

2. 加快发展小金融机构。在加强监管和防范风险的前提下，适当放宽民间资本、外资、国际组织资金参股设立小金融机构的条件。适当放宽小额贷款公司单一投资者持股比例限制。支持和鼓励符合条件的银行业金融机构重点到中西部设立村镇银行。强化小金融机构主要为小型微型企业服务的市场定位，创新金融产品和服务方式，优化业务流程，提高服务效率。引导小金融机构增加服务网点，向县域和乡镇延伸。符合条件的小额贷款公司可根据有关规定改制为村镇银行。

3. 拓宽融资渠道。搭建方便快捷的融资平台，支持符合条件的小企业上市融资、发行债券。推进多层次债券市场建设，发挥债券市场对微观主体的资金支持作用。加快统一监管的场外交易市场建设步伐，为尚不符合上市条件的小型微型企业提供资本市场配置资源的服务。逐步扩大小型微型企业集合票据、集合债券、集合信托和短期融资券等发行规模。积极稳妥发展私募股权投资和创业投资等融资工具，完善创业投资扶持机制，支持初创型和创新型小型微型企业发展。支持小型微型企业采取知识产权质押、仓单质押、商铺经营权质押、商业信用保险保单质押、商业保理、典当等多种方式融资。鼓励为小型微型企业提供设备融资租赁服务。积极发展小型微型企业贷款保证保险和信用保险。加快小型微型企业融资服务体系建设。深入开展科技和金融结合试点，为创新型小型微型企业创造良好的投融资环境。

4. 加强对小型微型企业的信用担保服务。大力推进小微企业信用担保体系建设，继续执行对符合条件的信用担保机构免征营业税政策，加大中央财政资金的引导支持力度，鼓励担保机构提高小型微型企业担保业务规模，降低对小型微型企业的担保收费。引导外资设立面向小型微型企业的担保机构，加快推进利用外资设立担保公司试点工作。积极发展再担保机构，强化分散风险、增加信用功能。改善信用保险服务，定制符合小型微型企业需求的保险产品，扩大服务覆盖面。推动建立担保机构与银行业金融机构间的风险分担机制。加快推进企业信用体系建设，切实开展企业信用信息征集和信用等级评价工作。

5. 规范对小型微型企业的融资服务。除银团贷款外，禁止金融机构对小型微型企业贷款收取承诺费、资金管理费。开展商业银行服务收费检查。严格限制金融机构向小型微型企业收取财务顾问费、咨询费等费用，清理纠正金融服务不合理收费。有效遏制民间借贷高利贷化倾向以及大型企业变相转贷现象，依法打击非法集资、金融传销等违法活动。严格禁止金融从业人员参与民间借贷。研究制定防止大企业长期拖欠小型微型企业资金的政策措施。

中国人民银行于 2014 年 3 月 21 日发布了《关于开办支小再贷款支持扩大小微企业信贷投放的通知》，正式在信贷政策支持再贷款类别下创设支小再贷款，专门用于支持金融机构扩大小微企业信贷投放，同时下达全国支小再贷款额度共500亿元。《通知》明确，支小再贷款发放对象是小型城市商业银行、农村商业银行、农村合作银行和村镇银行等四类地方性法人金融机构。贷款条件设定为金融机构须实现小微企业贷款“两个不低于”，即上季度末小微企业贷款增速不低于同期各项贷款平均增速、贷款增量不低于上年同期水平。期限设置为3个月、6个月、1年三个档次，可展期两次，期限最长可达3年。为体现对金融机构发放小微企业贷款给予利率优惠，支小再贷款利率在人民银行公布的贷款基准利率基础上减点确定。《通知》要求，人民银行各分支机构加强对支小再贷款的监督和管理。加强对借款金融机构资金运用的监测，确保支小再贷款用于支持小微企业。在借用支小再贷款期间，金融机构小微企业贷款增量不得低于人民银行对其发放的支小再贷款总量，以充分发挥支小再贷款对于扩大金融机构小微企业贷款投放的杠杆作用。借用支小再贷款发放的小微企业贷款加权平均利率要低于金融机构运用其他资金发放的同期同档次小微企业贷款加权平均利率，以保证人民银行降低小微企业融资成本的优惠支持政策落到实处，切实促进解决小微企业“融资难、融资贵”问题。作为组合政策出台，央行还定向下调存款准备金率，引导信贷资源支持“三农”和小微企业。中国人民银行决定从2014年6月16日起，对符合审慎经营要求且“三农”和小微企业贷款达到一定比例的商业银行（不含2014年4月25日已下调过准备金率的机构）下调人民币存款准备金率0.5个百分点。

出于降低小微企业融资成本的考虑，所得税优惠方面，早在2014年4月8日，财政部和国家税务总局就曾联合发文

《关于小型微利企业所得税优惠政策有关问题的通知》。规定小型微利企业，无论采取查账征收还是核定征收企业所得税方式，凡符合小型微利企业规定条件的，均可按规定享受小型微利企业所得税优惠政策。包括企业所得税减按 20% 征收，以及自 2014 年 1 月 1 日至 2016 年 12 月 31 日，年应纳税所得额低于 10 万元（含 10 万元）的，其所得减按 50% 计入应纳税所得额，并按 20% 税率缴纳企业所得税。2015 年《国家税务总局关于贯彻落实进一步扩大小型微利企业减半征收企业所得税范围有关问题的公告》（国家税务总局公告 2015 年第 61 号）又规定了：符合条件的小型微利企业，年应纳税所得额在 30 万元以下的，减按 20% 的税率征收企业所得税。其中：自 2015 年 1 月 1 日至 2017 年 12 月 31 日，对年应纳税所得额低于 20 万元（含 20 万元）的小型微利企业，其所得减按 50% 计入应纳税所得额，按 20% 的税率缴纳企业所得税。而作为这一优惠政策的延续，2017 年 6 月 6 日，财政部和国家税务总局印发《关于扩大小型微利企业所得税优惠政策范围的通知》（财税 2017 年 43 号）其基本精神是：为进一步支持小型微利企业发展，现就小型微利企业所得税政策通知如下：自 2017 年 1 月 1 日至 2019 年 12 月 31 日，将小型微利企业的年应纳税所得额上限由 30 万元提高至 50 万元，对年应纳税所得额低于 50 万元（含 50 万元）的小型微利企业，其所得减按 50% 计入应纳税所得额，按 20% 的税率缴纳企业所得税。所称小型微利企业，是指从事国家非限制和禁止行业，并符合下列条件的企业：（1）工业企业，年度应纳税所得额不超过 50 万元，从业人数不超过 100 人，资产总额不超过 3 000 万元；（2）其他企业，年度应纳税所得额不超过 50 万元，从业人数不超过80人，资产总额不超过1 000万元。通知所称从业人数，包括与企业建立劳动关系的职工人数和企业接受的劳务派遣用工人数。所称从业人数和资产总额指标，应按企业全年的季度平均值确定。年度中间开业或者终止经营活动的，以其实际经营期作为一个纳税年度确定上述相关指标。《财政部 国家税务总局关于小型微利企业所得税优惠政策的通知》（财税〔2015〕34号）和《财政部 国家税务总局关于进一步扩大小型微利企业所得税优惠政策范围的通知》（财税〔2015〕99号）自2017年1月1日起废止。

印花税优惠政策方面，四年前《财政部 国家税务总局关于金融机构与小型微型企业签订借款合同免征印花税的通知》（财税2014年78号）规定：自2014年11月1日起至2017年12月31日止，对金融机构与小型、微型企业签订的借款合同免征印花税。而作为政策的延续，根据《财政部 税务总局关于支持小微企业融资有关税收政策的通知》（财税2017年77号）规定，自2018年1月1日至2020年12月31日，对金融机构与小型企业、微型企业签订的借款合同免征印花税。

增值税优惠政策方面，《财政部 国家税务总局关于进一步支持小微企业增值税和营业税政策的通知》（财税2014年71号）、《国家税务总局关于小微企业免征增值税和营业税有关问题的公告》（2014年第57号）、《财政部 国家税务总局关于对小微企业免征有关政府性基金的通知》（财税2014年122号），明确对月营业额不超过3万元（含3万元）的纳税人，免征营业税及政府性基金。其中，以1个季度为纳税期限的营业税纳税人，季度营业额不超过9万元（含9万元）的，免征营业税。免征的政府性基金主要包括有免征教育费附加、地方教育附加、水利建设基金、文化事业建设费。同时规定自工商登记注册之日起3年内，对安排残疾人就业未达到规定比例、在职职工总数20人以下（含20人）的小微企业，免征残疾人就业保障金。同样，作为这一政策的延续，国家税务总局2017年12月27日发布《关于小微企业免征增值税有关问题的公告》（国家税务总局公告2017年第52号）规定：增值税小规模纳税人应分别核算销售货物或者加工、修理修配劳务的销售额和销售服务、无形资产的销售额。增值税小规模纳税人销售货物或者加工、修理修配劳务月销售额不超过3万元（按季纳税9万元），销售服务、无形资产月销售额不超过3万元（按季纳税9万元）的，自2018年1月1日起至2020年12月31日，可分别享受小微企业暂免征收增值税优惠政策。2016年1月29日，根据《财政部　国家税务总局关于扩大有关政府性基金免征范围的通知》（财税2016年12号）规定：将免征教育费附加、地方教育附加、水利建设基金的范围，由现行按月纳税的月销售额或营业额不超过3万元（按季度纳税的季度销售额或营业额不超过9万元）的缴纳义务人，扩大到按月纳税的月销售额或营业额不超过10万元（按季度纳税的季度销售额或营业额不超过30万元）的缴纳义务人。

作为支持小微企业融资方面的税收政策配套，中国经济网2017年11月6日讯，财政部刚刚发布的《关于支持小微企业融资有关税收政策的通知》（财税2017年77号）称，自2017年12月1日至2019年12月31日，对金融机构向农户、小型企业、微型企业及个体工商户发放小额贷款取得的利息收入，免征增值税。《通知》精神如下：为进一步加大对小微企业的支持力度，推动缓解融资难、融资贵，自2017年12月1日至2019年12月31日，对金融机构向农户、小型企业、微型企业及个体工商户发放小额贷款取得的利息收入，免征增值税。金融机构应将相关免税证明材料留存备查，单独核算符合免税条件的小额贷款利息收入，按现行规定向主管税务机构办理纳税申报；未单独核算的，不得免征增值税。《财政部 税务总局关于延续支持农村金融发展有关税收政策的通知》（财税2017年44号）第一条相应废止。自2018年1月1日至2020年12月31日，对金融机构与小型企业、微型企业签订的借款合同免征印花税。本通知所称农户，是指长期（一年以上）居住在乡镇（不包括城关镇）行政管理区域内的住户，还包括长期居住在城关镇所辖行政村范围内的住户和户口不在本地而在本地居住一年以上的住户，国有农场的职工。位于乡镇（不包括城关镇）行政管理区域内和在城关镇所辖行政村范围内的国有经济的机关、团体、学校、企事业单位的集体户；有本地户口，但举家外出谋生一年以上的住户，无论是否保留承包耕地均不属于农户。农户以户为统计单位，既可以从事农业生产经营，也可以从事非农业生产经营。农户贷款的判定应以贷款发放时的借款人是否属于农户为准。本通知所称小型企业、微型企业，是指符合《中小企业划型标准规定》（工信部联企业2011年300号）的小型企业和微型企业。其中，资产总额和从业人员指标均以贷款发放时的实际状态确定；营业收入指标以贷款发放前12个自然月的累计数确定，不满12个自然月的，按照以下公式计算：营业收入（年）=企业实际存续期间营业收入/企业实际存续月数×12。本通知所称小额贷款，是指单户授信小于100万元（含本数）的农户、小型企业、微型企业或个体工商户贷款；没有授信额度的，是指单户贷款合同金额且贷款余额在 100 万元（含本数）以下的贷款。

个人所得税优惠政策，不少省市对实行定期定额征收的个体工商户月营业额不足 2 万元的，应税所得率进行了 0 规定。

在地方金融支持方面，目前各省市相关的举措都已陆续出台，但是主营小微企业贷款业务的金融机构扮演着关键的作用。河北衡水市安平县惠民村镇银行作为衡水市第一家新型农村金融机构，自 2013 年 12 月成立以来，始终坚持“服务三农、助力小微”的经营理念，得到了当地政府和股东的认可。2016 年末，河北衡水市安平县惠民村镇银行贷款余额 30 750 万元，贷款户数 783 户，户均贷款 39 万元。惠民村镇银行的基本做法是：（1）立足县域经济，坚持“支农扶小”市场定位。以发展小微企业信贷业务，助推实体经济发展为资产业务经营目标，实现了经济新常态下实体经济信贷投放的稳步增长。同时结合本区域经济特点明确了以丝网加工、生猪养殖、白山药种植等涉农企业为主要支持对象，通过重点发展特色产业集群领域，全力支农支小。截止到 2016 年 12 月末小微企业贷款共 604 户，金额 27 392 万元，占贷款总额的 89.08%，户均贷款 45 万元。（2）加强产品创新，实现小微企业金融普惠。一方面针对独资企业、家族经营企业推出了“助业通”贷款，简化贷款手续，大大提高了放款速度；另一方面对已经安装 POS 机具的商户推出了最高额度为 30 万元的“特约商户贷款”，利率优惠，担保方式灵活，借款人可采用抵押担保、企业担保、自然人担保等多种担保方式；而为了增加受众群体，河北衡水市安平县惠民村镇银行还推出“农业产业化龙头公司 + 合作社 + 农户”的贷款模式，2016 年为河北裕丰京安养殖有限公司授信担保总金额2 800万元，就秸秆发电项目与全县农民及专业合作社进行三方合作，在农民种植前期投入阶段、合作社收购秸秆及粮食阶段由银行给予信贷资金支持。由于引入龙头企业进行担保，解决了上游客户融资难题，化解了小微企业和农户的信贷风险。（3）借助政府平台，实现银企协同发展。河北衡水市安平县惠民村镇银行与安平县财政局合作，以存入部分保证金的方式，为下岗再就业员工创业提供资金支持，至2016年末，河北衡水市安平县惠民村镇银行发放下岗再就业贷款余额为1 137万元，由此还带来保证金存款500多万元，实现了资产与负债业务双向同步增长。银行还定期召开银企座谈会，了解企业发展动态和资金需求，为信贷决策提供真实、可靠信息，2016年银行与当地丝网商会及农业产业办联合组织座谈会，达成意向性资金支持协议2 000多万元，实际投放贷款1 000多万元，有效支持了实体经济的健康发展。

在破解融资难融资贵方面，浙江农商银行实施普惠金融服务助推工程。“农民贷款不要任何抵押品，只看信用好不好。”目前在慈溪、余姚、奉化的一些村落，已开始推行农民贷款无抵押模式，“道德银行”“整村授信”和“普惠快车”等信贷新模式纷纷亮相，为农民贷款提供了极大便利。宁波地区提出大力推进实施普惠金融服务助推工程，创新银行支持方式，大力发展供应链、知识产权、动产和无形资产抵质押贷款业务。丰富完善贷款产品，科学运用循环周转贷款、自动续贷等业务品种和灵活的还款方式，提高便利程度。推动银行与其他金融机构加强合作，对创业创新活动给予有针对性的股权和债权融资支持。鼓励银行业金融机构向创业创新企业提供结算、融资、理财、咨询等一站式系统化的金融服务。同时，拓宽小微企业融资渠道。鼓励扩大股权、债券等直接融资，大力发展应收账款融资。完善天使投资、创业投资引导基金和产业发展基金投资服务机制，推动各类私募股权投资基金的引进和组建。发展普惠金融，争取各银行总行对宁波地区扩大信贷投放和资金配置。落实定向货币政策，加大信贷资源向中小微企业倾斜。推动发展投贷联动、投保联动、投债联动等新模式，不断加大对创业创新企业的融资支持。同时，大力发展政府性融资担保机构，鼓励非政府性融资担保机构错位发展。组建市再担保公司，充分发挥再担保功能作用。完善政银担风险分担机制，建立市级融资担保代偿基金、科技信贷风险池代偿机制。建立推进政银担合作的常态化工作机制，鼓励银行业金融机构主动参与全市政策性融资担保体系建设，搭建政银担三方沟通平台。完善小额贷款保证保险市场化运行机制，探索引入保险资金为小微企业提供融资支持。

需要强调的是，小微企业贷款的申请对象有相当部分属于下岗失业人员。在推进下岗失业人员小额担保贷款工作方面，国家鼓励各商业银行、农村合作银行和城乡信用社更好地支持下岗失业人员扩大再就业。早在 2006 年 1 月 12 日，中国人民银行、财政部、劳动和社会保障部就联合下发了《关于进一步推进下岗失业人员小额担保贷款工作的通知》（银发 2006 年 5 号）。该通知强调，进一步完善下岗失业人员小额担保贷款管理办法，完善补偿机制，简化贷款担保和贷款审批手续。具体包括：第一，建立担保基金的风险补偿机制，省级政府设立的下岗失业人员小额担保基金应至少承担地市贷款担保基金代偿损失的 10%。第二，对已经落实贷款担保机构的地区，结合个人信用制度的建立和创业培训的成效情况，逐步降低反担保门槛，对确实要求借款人提供反担保的，原则上反担保所要求的风险控制金额原则上不超过下岗失业人员实际贷款额的30%；对尚未落实贷款担保机构的地区，允许将贷款担保基金直接存入同级财政部门指定的商业银行，由经办银行按照不超过贷款担保基金5倍的数额发放下岗失业人员小额贷款，贷款担保基金自动提供相应担保，对以此方式发放贷款出现的损失由经办银行分担20%。第三，人民银行各分行、营业管理部与当地的财政、劳动保障部门密切合作，研究利用现有的社区服务平台，创建信用社区，建立社区信用担保机制，充分发挥小企业在促进再就业方面的作用，该通知提出，鼓励银行对符合贷款条件、新增就业岗位吸纳下岗失业人员达到一定比例的劳动密集型小企业加大信贷支持。该通知规定，对当年新招用下岗失业人员达到企业现有在职职工总数30%以上，并与其签订一年以上期限劳动合同的劳动密集型小企业，银行要加大信贷支持，同时财政给予一定优惠政策。具体包括：第一，银行对符合条件的小企业发放贷款可由财政部门按人民银行公布的贷款基准利率（不含利率上浮部分）的50%给予贴息（展期不贴息），贴息资金由中央和地方财政各负担一半。银行开办此项业务如发生贷款呆账损失，由财政部门按相关规定核定后承担10%的补偿，中央和地方财政各承担一半。第二，为鼓励经办银行的积极性，地方财政对开办符合条件的小企业贷款的经办银行按季给予其贷款实际发放金额0.5%的手续费补助。第三，发放这类贷款，最高不超过人民币100万元，期限不超过两年，可展期一次。但对这类贷款，政府将不再提供担保形式的支持。

三、2018年的“小微企业”标准是否发生了调整

截至2018年3月底，国家对“小微企业”划分标准并未有所改变，仍采用2011年6月18日工业和信息化部、国家统计局、国家发展和改革委员会、财政部联合印发的《关于印发中小企业划型标准规定的通知》中对小微企业的划分标准。小微企业是小型企业、微型企业、家庭作坊式企业、个体工商户的统称，是由国内经济学家郎咸平教授提出的。小微企业是与所处行业的大中型企业相比，在人员规模、资产规模与经营规模等方面都比较小的经济单位。不同国家、不同经济发展的阶段、不同行业对其界定的标准不尽相同，且随着经济的发展而动态变化。各国一般从质和量两个方面对小微企业进行定义，质的指标主要包括企业的组织形式、融资方式及所处行业地位等，量的指标则主要包括雇员人数、实收资本、资产总值等。而由于量的指标较质的指标更为直观，数据选取容易，因而大多数国家都以量的标准进行划分。2011年6月18日，工业和信息化部、国家统计局、国家发展和改革委员会、财政部联合印发了《关于印发中小企业划型标准规定的通知》，其所规定的主要行业划型标准如下：

1. 农、林、牧、渔业。营业收入 20 000 万元以下的为中小微型企业。其中，营业收入 500 万元及以上的为中型企业，营业收入 50 万元及以上的为小型企业，营业收入 50 万元以下的为微型企业。

2. 工业。从业人员 1 000 人以下或营业收入 40 000 万元以下的为中小微型企业。其中，从业人员 300 人及以上，且营业收入 2 000 万元及以上的为中型企业；从业人员 20 人及以上，且营业收入 300 万元及以上的为小型企业；从业人员 20 人以下或营业收入 300 万元以下的为微型企业。

3. 建筑业。营业收入 80 000 万元以下或资产总额 80 000 万元以下的为中小微型企业。其中，营业收入 6 000 万元及以上，且资产总额 5 000 万元及以上的为中型企业；营业收入 300 万元及以上，且资产总额 300 万元及以上的为小型企业；营业收入 300 万元以下或资产总额 300 万元以下的为微型企业。

4. 批发业。从业人员 200 人以下或营业收入 40 000 万元以下的为中小微型企业。其中，从业人员 20 人及以上，且营业收入 5 000 万元及以上的为中型企业；从业人员 5 人及以上，且营业收入 1 000 万元及以上的为小型企业；从业人员 5 人以下或营业收入 1 000 万元以下的为微型企业。

5. 零售业。从业人员 300 人以下或营业收入 20 000 万元以下的为中小微型企业。其中，从业人员 50 人及以上，且营业收入 500 万元及以上的为中型企业；从业人员 10 人及以上，且营业收入 100 万元及以上的为小型企业；从业人员 10 人以下或营业收入 100 万元以下的为微型企业。

6. 交通运输业。从业人员 1 000 人以下或营业收入 30 000

万元以下的为中小微型企业。其中，从业人员 300 人及以上，且营业收入 3 000 万元及以上的为中型企业；从业人员 20 人及以上，且营业收入 200 万元及以上的为小型企业；从业人员 20 人以下或营业收入 200 万元以下的为微型企业。

7. 仓储业。从业人员 200 人以下或营业收入 30 000 万元以下的为中小微型企业。其中，从业人员 100 人及以上，且营业收入 1 000 万元及以上的为中型企业；从业人员 20 人及以上，且营业收入 100 万元及以上的为小型企业；从业人员 20 人以下或营业收入 100 万元以下的为微型企业。

8. 住宿业。从业人员 300 人以下或营业收入 10 000 万元以下的为中小微型企业。其中，从业人员 100 人及以上，且营业收入 2 000 万元及以上的为中型企业；从业人员 10 人及以上，且营业收入 100 万元及以上的为小型企业；从业人员 10 人以下或营业收入 100 万元以下的为微型企业。

9. 餐饮业。从业人员 300 人以下或营业收入 10 000 万元以下的为中小微型企业。其中，从业人员 100 人及以上，且营业收入 2 000 万元及以上的为中型企业；从业人员 10 人及以上，且营业收入 100 万元及以上的为小型企业；从业人员 10 人以下或营业收入 100 万元以下的为微型企业。

10. 信息传输业。从业人员 2 000 人以下或营业收入 100 000万元以下的为中小微型企业。其中，从业人员 100 人及以上，且营业收入 1 000 万元及以上的为中型企业；从业人员 10 人及以上，且营业收入 100 万元及以上的为小型企业；从业人员 10 人以下或营业收入 100 万元以下的为微型企业。

11. 软件信息技术。从业人员 300 人以下或营业收入 10 000万元以下的为中小微型企业。其中，从业人员 100 人及以上，且营业收入 1 000 万元及以上的为中型企业；从业人员 10 人及以上，且营业收入 50 万元及以上的为小型企业；从业人员 10 人以下或营业收入 50 万元以下的为微型企业。

12. 房产开发。营业收入 200 000 万元以下或资产总额 10 000万元以下的为中小微型企业。其中，营业收入 1 000 万元及以上，且资产总额 5 000 万元及以上的为中型企业；营业收入 100 万元及以上，且资产总额 2 000 万元及以上的为小型企业；营业收入 100 万元以下或资产总额 2 000 万元以下的为微型企业。

13. 物业管理。从业人员 1 000 人以下或营业收入 5 000 万元以下的为中小微型企业。其中，从业人员 300 人及以上，且营业收入 1 000 万元及以上的为中型企业；从业人员 100 人及以上，且营业收入 500 万元及以上的为小型企业；从业人员 100 人以下或营业收入 500 万元以下的为微型企业。

14. 租赁商务。从业人员 300 人以下或资产总额 120 000 万元以下的为中小微型企业。其中，从业人员 100 人及以上，且资产总额 8 000 万元及以上的为中型企业；从业人员 10 人及以上，且资产总额 100 万元及以上的为小型企业；从业人员 10 人以下或资产总额 100 万元以下的为微型企业。

15. 其他行业。从业人员 300 人以下的为中小微型企业。其中，从业人员 100 人及以上的为中型企业；从业人员 10 人及以上的为小型企业；从业人员 10 人以下的为微型企业。

小微企业在国民经济中处于重要位置，在填补市场缝隙方面是大中型企业不可缺少的重要助手。从市场分工来看，小微企业在满足顾客对某类产品的少量需求或特殊需求方面，能够发挥独特的作用；小微企业对于劳动技能和素质的要求不像大中型企业那样严格，因而能吸收城镇和农村大量的剩余劳动力资源；同时，竞争的压力促使小微企业利用区域资源开发具有竞争力的产品，从而使不少小微企业成为新技术开发与运用的重要来源。具体来讲，小微企业的主要特征如下：

1. 生产经营规模较小，因而投资较省，建设周期短，收效较快。与大中型企业相比，小微企业的首要特征之一，即在于企业规模小、经营决策权高度集中。特别是微型企业，基本上都是一家一户自主经营，使资本追求利润的动力完全体现在经营者的积极性上。由于经营者对千变万化的市场反应灵敏，实行所有权与经营治理权合一，既可以节约所有者的监督成本，又有利于企业快速做出决策。其次，小微企业员工人数较少，组织结构简单，个人在企业中的贡献容易被识别，因而便于对员工进行有效的激励，不像大中型企业那样在庞大的阶层化组织内容易产生怠惰与无效率的情况。小微企业在经营决策和人员激励上与大中型企业相比具有更大的弹性和灵活，因而能对不断变化的市场做出迅速反应。小微企业机制灵活且办事效率非常高。当有些大公司和跨国企业在世界经济不景气的情况下不得不压缩生产规模的时候，小微企业则在调整经营方向和产品结构，从中获得新的发展。

2. 对市场变化的适应性强，能发挥“小而专”，“小而活”的优势。小微企业由于自身规模小，人、财、物资源相对有限，既无力经营多种产品以分散风险，也无法在某一产品的大规模生产上与大企业展开竞争。小微企业往往会将有限的人力、财力和物力投向那些被大中型企业所忽略的细小市场，专注于某一细小产品的经营上来不断改进产品质量，提高生产效率，以求在市场竞争中站稳脚跟，进而获得更大的发展。从类似的成功经验来看，通过细分市场来进行专业化经营，走以专补缺、以小补大，是众多小微企业在激烈竞争中获得生存与发展的最有效途径之一。小微企业通过专业化生产还会同大中型企业建立起密切的协作关系，不仅在客观上有力地支持和促进了大企业发展，同时也为自身的生存与发展提供了可靠的基础。

3. 经营范围广泛，点多面广，充分利用区域资源。大批量、单一的产品生产有益发挥巨额投资的优势与效率，但大批量的单一品种只满足社会生产和人们日常生活中主要方面的需要，而小批量的个性突出的多种多样需求，大中型企业往往难以满足。小微企业作为个体普遍存在着品种单调、生产能力较低的缺点，但它们又具有贴近市场、靠近顾客和反应快捷的经营优势，因而利于适应多姿多态、千变万化的消费需求；多种多样的消费需求可以通过千家万户小微企业灵活的方式得到满足，特别是促使区域资源通过生产经营得到充分利用发挥重要作用。

4. 小微企业是重要的科技创新力量。现代科技使工业技术装备和产品发展方向上有着两方面的趋势，一方面是向着大型和集中的方向发展；另一方面是向着小型和分散的方向发展。产品的小型化、分散化特别是环保再生资源的采用，为小微企业的发展提供了有利条件。许多小微企业的创始人往往原来有着大中型企业和研究所的工作经历，同时又是集管理者、所有者和发明者于一身，对新技术新发明可以最快运用到企业产品中去，其在利用区域资源方面有着独特的优势条件。

5. 抵御经营风险的能力较差，资金薄弱，筹资能力差。国内商业银行在流动资金提供方面可能是世界上最多的。流动资金贷款这么大主要有两方面原因：原材料库存，中间材料库存很大；企业自有资金如公积金、保留利润等被大量用于扩大再生产、基本建设等投资，造成流动资金就在很大程度上依赖银行。而大多数小微企业都是小生产的生产方式，规模较小，更希望通过银行借贷的方式来进行融资。然而从风险和规模效益来看，商业银行更愿意贷款给实力雄厚的大中型企业，许多小微企业往往被各种严苛的条件拒之门外。

需要说明的是，小微企业与小型微利企业存在着区别。小型微利企业，源自《中华人民共和国企业所得税法》第二十八条，同时《中华人民共和国企业所得税法实施条例》第九十二条对其明确，符合条件的小型微利企业是指从事国家非限制和禁止行业，并符合：工业企业，年度应纳税所得额不超过30万元，从业人数不超过100人，资产总额不超过3 000万元；其他企业，年度应纳税所得额不超过30万元，从业人数不超过80人，资产总额不超过1 000万元。中小微企业与小型微利企业的区别在于：一是适用对象不同，中小微企业的适用对象不仅包括企业所得税纳税人，还包括了个人独资企业、合伙企业、个体工商户等个人所得税纳税人，适用对象远比小型微利企业宽泛；二是划分标准不同，小型微利企业是根据年度企业所得税应纳税所得额、从业人数、资产总额这三项指标来划分，而中小微企业的划分指标则是从业人员、营业收入、资产总额三项，区别明显。

四、学会使用贷款杠杆进行企业经营

中国有个传统观念是“无债一身轻”，实际上它是没有看到现实生活中存在着巨大的社会资金等待有心人的挖掘。固守无债经营，只会使你发展缓慢，缺乏后劲，举步维艰。经营者应该学会“借鸡下蛋”，使用别人的资金为自身创造财富，即学会使用贷款杠杆进行企业经营。但这还不够，小微企业在借款过程中，需注意借款活动中的信用额度、周转信贷协议和补偿性余额问题。其中，信贷额度又称为贷款限额，是借款企业与银行在协议中规定的可得到借款的最高限额。通常在信贷额度内企业可以随时按需要支用借款。周转信贷协定是银行具有承诺提供不超过某一最高限额贷款的法律义务的协定。在协定的有效期内，只要企业借款总额未超过最高限额，银行必须满足企业任何时候提出的借款要求。补偿性余额是银行要求借款企业在银行中保持按贷款限额或实际借用额一定百分比（通常为10% ~20%）计算的最低存款余额。补偿性余额有助于银行降低贷款风险，补偿其可能遭受的风险；但对借款企业来说，补偿性余额则提高了借款的实际利率，加重了企业负担。还有一个问题也较敏感，银行借款利息的支付方式一般为利随本清法，即在借款到期时向银行支付利息的方法。但有时银行则规定采用贴现法，即银行向企业发放贷款时，先从本金中扣除利息，而到期时借款企业再偿还全部本金的一种计息方法。采用这种方法，企业可利用的贷款额只有本金扣除利息后的差额部分，因此其实际利率高于名义利率。

小微企业借款需要承担借款利息和筹资费用，又称作借款成本。由于借款利息通常要计入税前成本费用，因而具有抵减所得税支出的效应。借款成本计算公式如下：

借款成本 = 借款利息 ×（1 - 所得税率）/借款额 ×（1 - 筹资费率）

需要说明的是，由于企业负债经营下不论利润的多少，债务利息是不变的，于是，当利润增大时，每 1 元利润所负担的利息就会相对减少，从而给投资者收益带来更大幅度的提高，这种债务对投资者收益的影响称作财务杠杆。通常情况下，当借款资金比率较高时，投资者将负担较多的借款成本，并经受较多的财务杠杆作用所引起的收益变动的冲击，从而加大财务风险；反之，当借款资金比率较低时，财务风险也就相对越小。财务杠杆这种作用的大小通常以财务杠杆系数表示。财务杠杆系数越大，表明财务杠杆作用越大，财务风险也就越大；财务杠杆系数越小，表明财务杠杆作用越小，财务风险也就越小。

财务杠杆系数 = 息税前利润/税前利润

财务杠杆系数表明的是息税前利润增长所引起的每股收益的增长幅度。在资金总额、息税前利润相同的情况下，负债比率越高，财务杠杆系数越高，财务风险也越大，但同时预期每股收益也越大。单若企业借款筹资为零，即没有负债的情况下，由于借款利息支出为零，财务杠杆系数为1。

小微企业通过内部理财活动是可以控制借款所占的比例，可以通过合理安排资金结构，适度举债，使财务杠杆利益抵消风险增大所带来的不利影响。总结一下，小微企业借债的正反效应可以从以下四个方面表现出来：

1. 利息抵税效应。一方面，借款相对于权益资本最主要的特点是它可以给企业带来减少上缴税金的优惠。即借款利息可以从税前利润中扣除，从而减少应纳税所得额而给企业带来价值的增加。世界上大多数国家都规定负债免征所得税。我国企业所得税法中也明确规定了在生产经营期间，向金融机构借款的利息支出，可按照实际发生数扣除。借款利息抵税效用可以量化，用公式表示是：利息抵税效用＝借款金额×借款利率×所得税税率。所以在既定借款利率和所得税税率的情况下，企业借款金额越多，那么利息抵税效用也就越大。另一方面，由于借款利息可以从税前利润中扣除，减少了企业所得税上缴负担，也就相对降低了企业的综合资金成本。也正是由于借款利息的抵税作用，因而在企业所有资金来源中，银行借款的资金成本相对来说还是比较低的。

2. 高额收益效应。债务资本和权益资本一样也会获取相应的投资利润，虽然债权人对企业的资产求偿权在先，但只能获得固定的利息收入和到期的本金，而所创造的剩余高额利润全部归权益资本所有，提高了权益资本利润率，这就是借款的财务杠杆效用。需要注意的是，财务杠杆是一种税后效用，因为无论是债务资本产生的利润还是权益资本产生的利润都要征收企业所得税。所以，财务杠杆的最终效用可以用公式来表示：财务杠杆效用＝借款额×（资本利润率－借款利率）×（1

-所得税税率）。在借款比率、借款利率、所得税税率既定的情况下，资本利润率越高，财务杠杆效用就越大；资本利润率等于借款利率时，财务杠杆效用为零；小于借款利率时，财务杠杆效用为负。所以，财务杠杆也可能给企业带来负效用，企业能否获益于财务杠杆效用、收益程度如何，取决于资本利润率与借款利率的对比关系。

3. 财务危机效应。借款一方面会增加企业固定的成本费用，给企业增加了定期支付的压力。首先本金和利息的支付是企业必须承担的合同义务，如果企业无法偿还，还会面临资不抵债的财务危机，而财务危机又会增加企业额外的成本，减少企业所创造的现金流量。财务危机成本可以分为直接成本和间接成本。直接成本是企业依法破产时所支付的费用，企业破产后，其资产所有权将让渡给债权人，在此过程中所发生的诉讼费、管理费、律师费和顾问费等都属于直接成本。直接成本是显而易见的，但是在宣布破产之前企业可能已经承担了巨大的间接财务危机成本。例如，由于企业借款过多，不得不放弃有价值的投资机会，失去期望的收益；企业的客户可能因此会对企业的生产能力和服务质量提出质疑，最终放弃使用该企业的产品或服务；供应商可能会拒绝向企业继续提供商业信用；企业还有可能流失大量对企业发展失去信心的员工。所有这些间接成本都不表现为企业直接的现金支出，但给企业带来的负面影响是巨大的。并且随着企业负债额的增加，这种影响会越来越显著。借款另一方面会导致企业资不抵债甚至破产。企业的借款总额过大后，无力归还到期的流动借款，或者资不抵债，都会引起债权人催要债务，甚至向法院起诉，最终导致企业陷入窘迫甚至破产。

4. 利益冲突效应。即过度的借款有可能会引起所有者和债权人之间的利益冲突。一方面，债权人利益不受损害的一个前提条件是企业的风险程度要处于预测所允许的范围之内，而在现实的经济生活中，所有者往往喜欢投资于高风险的项目。因为如果项目成功，债权人只能获得固定的利息和本金，剩余的高额利润均归所有者，于是就实现了财富由债权人向所有者的转移；如果高风险项目失败，则损失由所有者和债权人共同承担，有的债权人的损失要远远大于所有者的损失。另一方面，企业为了获得新的债务资本，往往会给新债权人更优先的索偿权，也会损害原债权人的利益，使原债权人承担的风险加大。而债权人为保护自己的利益，把风险限制在一定的程度内，往往会要求在借款协议中写入保证条款来限制企业增加高风险的投资机会；为了防止发行新债，债权人也会在契约中加入回售条款，即如果发行新债，允许原债券持有者按面值将证券售还给公司。这样就限制了企业的正常投资和融资，给企业带来一种无形的损失。

五、目前商业银行小额贷款主要针对哪些对象

小微企业的信贷需求具有“短、小、频、急”的特点，其小额、短期、分散的特征更类似于商业银行的零售贷款。小微贷款主流特点是支持小微企业经营，通俗讲就是“钱生钱”，换句话说，大家拿这个钱更多是赚钱去的，而不是去进行生活消费。和小微贷款经常混在一起使用的是小额贷款。小额贷款是目前国内商业银行所发放的以个人、家庭或者小微企业为对象的经营类贷款。贷款的金额一般在1 000元至200 000元之间。小额贷款在国内主要是服务于三农和小微企业。小额贷款范围较广、营销模式灵活，同时很多民间贷款公司主要是办理此类业务。小额贷款和小微贷款的使用存在着非常大的交叉范围，但采用“小额贷款”的概念其范围会更广一些。但不少商业银行的小微贷款也可以向个人、家庭、农村经济组织发放。实际使用中并不进行严格区别。

对银行小额贷款对象的解释目前国内大多数商业银行并没有形成比较统一的共识。建设银行对小额贷款对象的解释是经国家工商行政管理机关核准登记的小型企业和微型企业，并没有规定非常具体的企业性质。中国银行小额贷款支持对象解释

是：40岁以下青年初次创业的小额贷款；40岁以下青年企业家二次创业的小微企业贷款。邮储银行小额贷款对象的解释中，指经工商行政管理部门核准登记并有固定的生产经营场所，产品有销路、经济有效益、经营者素质好、能恪守信用的各类私营业主（包括个人独资企业主、合伙企业合伙人、有限责任公司股东）、个体工商户和城镇个体经营者；具备完全民事能力，已婚，至少2个劳动力，身体健康，具备劳动生产经营能力、能恪守信用的农户或农村个体经营户。而农村商业银行对农户小额贷款的发放对象规定是具备以下条件的农户：具有中华人民共和国国籍，年龄在18周岁以上（含18周岁）60周岁以下，在农村区域有固定住所，身体健康，具有完全民事行为能力和劳动能力，持有有效身份证件；是农村家庭的户主或户主书面指定的本家庭其他成员，且已经申请获得金穗惠农卡；从事农、林、牧、渔等农业生产经营或工业、商业、建筑业、运输业、服务业等非农业生产经营活动。应该讲，邮储银行和农村商业银行对贷款对象的解释反映了目前国内部分商业银行对小微企业贷款所持有的职业谨慎，换句话说，对贷款对象附加了基本的贷款条件。中国银行的解释更加突出了其小额贷款的对象年龄要求。

对小微企业的所有权性质和经营性质的解释与说明在我国相关的司法文件中有着严格的规定：

独资企业，是指个人出资经营、归个人所有和控制、由个人承担经营风险和享有全部经营收益的企业。属于自然人企业。独资企业是最古老、最简单的一种企业组织形式。主要盛行于零售业、手工业、农业、林业、渔业、服务业和家庭作坊。独资企业在世界上的很多地区不需要在政府注册。在这种制度下，很简单的经营安排如小贩和保姆在法律上就属于独资企业的范围。暂时经济活动，特别是个人之间的买卖交易在法律上依照独资企业处理。通常为了方便执法活动，政府会要求某类的独资企业注册，比如进行餐馆注册主要是为了方便卫生检查。注册原因的另一个是牌号问题，业主有权力使用个人的姓名作为企业牌号。如“张三麻婆店”“李韶钢刀剪部”。

从我国的司法实践来观察：独资企业的建立与解散程序简单。经营管理灵活自由。企业主可以完全根据个人的意志确定经营策略，进行管理决策；业主对企业的债务负无限责任。当企业的资产不足以清偿其债务时，业主以其个人财产偿付企业债务。有利于保护债权人利益，但独资企业不适宜风险大的行业。企业的规模有限。企业的存在缺乏可靠性，企业的寿命有限。

合伙企业，是指自然人、法人和其他组织依照《中华人民共和国合伙企业法》在中国境内设立的，由两个或两个以上的自然人通过订立合伙协议，共同出资经营、共负盈亏、共担风险的企业组织形式。合伙企业一般无法人资格，不缴纳所得税，缴纳个人所得税。类型有普通合伙企业和有限合伙企业。合伙企业可以由部分合伙人经营，也可以由所有合伙人共同经营。合伙企业有如下的特点：

1. 合伙企业比较容易设立和解散。合伙人签订了合伙协议，就宣告合伙企业的成立。新合伙人的加入，旧合伙人的退伙、死亡、自愿清算、破产清算等均可造成原合伙企业的解散以及新合伙企业的成立。

2. 责任无限。合伙组织作为一个整体对债权人承担无限责任。按照合伙人对合伙企业的责任，合伙企业可分为普通合伙和有限合伙。普通合伙的合伙人均为普通合伙人，对合伙企业的债务承担无限连带责任。例如，甲、乙、丙三人成立的合伙企业破产时，当甲、乙已无个人资产抵偿企业所欠债务时，虽然丙已依约还清应分摊的债务，但仍有义务用其个人财产为甲、乙两人付清所欠的应分摊的合伙债务，当然此时丙对甲、乙拥有财产追索权。有限责任合伙企业由一个或几个普通合伙人和一个或几个责任有限的合伙人组成，即合伙人中至少有一个人要对企业的经营活动负无限责任，而其他合伙人只能以其出资额为限对债务承担偿债责任，因而这类合伙人一般不直接参与企业经营管理活动。

3. 相互代理。合伙企业的经营活动，由合伙人共同决定，合伙人有执行和监督的权利。合伙人可以推举负责人。合伙负责人和其他人员的经营活动，由全体合伙人承担民事责任。换言之，每个合伙人代表合伙企业所发生的经济行为对所有合伙人均有约束力。因此，合伙人之间较易发生纠纷。

4. 财产共有。合伙人投入的财产，由合伙人统一管理和使用，不经其他合伙人同意，任何一位合伙人不得将合伙财产移为他用。只提供劳务，不提供资本的合伙人仅有权分享一部分利润，而无权分享合伙财产。

5. 利益共享。合伙企业在生产经营活动中所取得、积累的财产，归合伙人共有。如有亏损则亦由合伙人共同承担。损益分配的比例，应在合伙协议中明确规定；未经规定的可按合伙人出资比例分摊，或平均分摊。以劳务抵作资本的合伙人，除另有规定者外，一般不分摊损失。

有限责任公司，简称有限公司，是指根据《中华人民共和国公司登记管理条例》规定登记注册，由五十个以下的股东出资设立，每个股东以其所认缴的出资额对公司承担有限责任，公司以其全部资产对其债务承担责任的经济组织。有限责任公司（有限公司）是我国企业实行公司制最重要的一种组织形式，指根据《中华人民共和国公司登记管理条例》规定登记注册。其优点是设立程序比较简单，不必发布公告，也不必公布账目，尤其是公司的资产负债表一般不予公开，公司内部机构设置灵活。其缺点是由于不能公开发行股票，筹集资金范围和规模一般都比较小，难以适应大规模生产经营活动的需要。因此，有限责任公司这种形式一般适合于中小企业。

个体工商户，是指有经营能力并依照《个体工商户条例》的规定经工商行政管理部门登记，从事工商业经营的公民。个体工商户是个体工商业经济在法律上的表现，其具有以下特征：

1. 个体工商户是从事工商业经营的自然人或家庭。自然人或以个人为单位，或以家庭为单位从事工商业经营，均为个体工商户。根据法律有关政策，可以申请个体工商户经营的主要是城镇待业青年、社会闲散人员和农村村民。此外，国家机关干部、企事业单位职工，不能申请从事个体工商业经营。

2. 自然人从事个体工商业经营必须依法核准登记。个体工商户的登记机关是县以上工商行政管理机关。个体工商户经核准登记，取得营业执照后，才可以开始经营。个体工商户转业、合并、变更登记事项或歇业，也应办理登记手续。

个体经营者，是指由个人投资，以个人或家庭劳动为主，从事经营活动，依法经核准登记，取得经营资格的经营者。个体经营户是指除农户外，生产资料归劳动者个人所有，以个体劳动为基础，劳动成果归劳动者个人占有和支配的一种经营单位。具体包括：经各级工商行政管理部门登记注册并领取营业执照的个体工商户；经民政部门核准登记并领取证书的民办非企业单位；没有领取营业执照或按照有关规定免于登记，但有相对固定场所，年内实际从事个体经营活动三个月以上的城镇、农村个体户，但不包括农民家庭以辅助劳动或利用农闲时间进行的一些兼营性活动。

六、商业银行小微企业贷款的基本条件

贷款的基本条件实际上是国内商业银行向小微企业提供贷款的一种“门槛”制度。但目前诸如农业银行、民生银行等许多商业银行已经取消了小微企业贷款的基本条件规定，而是以申请条件直接进行贷款条件管理与约束。目前国内大多数商业银行都有小微企业贷款服务的专门板块，并且融合在正常贷款业务范围内进行管理。有些商业银行提供的小微企业贷款在服务对象方面带有着明显的区域特征，像北京农商银行专门开发的针对中关村国家自主创新示范区的“中关村科信通贷款”“中关村科宝通贷款”“中关村科抵通贷款”产品。从目前提供小微企业贷款的商业银行的规定来看，各家银行并未形成一个统一的标准，规定的条件详略程度不一，关注的条件要求也不尽相同。但各家银行对贷款安全性的关注倒是“英雄所见略同”。

工商银行小型企业贷款的基本条件是：在工商银行开立基本结算账户或一般结算户，有一定的存款或国际结算业务；经工商行行政管理部门核准登记，并办理年检手续；持有人民银行核发的贷款卡；有必要的组织机构、经营管理制度和财务管理制度；信誉良好、具备履行合同、偿还债务的能力，无不良信用记录；有固定住所和经营场所，合法经营，产品有市场、有效益；能遵守国家金融法规政策及银行有关规定。工商银行微型企业贷款的基本条件是：在工商银行开立基本结算账户、一般结算户或个人结算账户；经工商行政管理部门核准登记，并办理年检手续；持有中国人民银行核发的正常有效的贷款卡（人行不要求的除外）；在贷款行所在地有固定经营场所，经营者个人（或业主）有固定的住所，常住户口（或有效居住证明）；信誉良好、具备履行合同、偿还债务的能力，无不良信用记录；经营者个人品行端庄，社会反映良好；能遵守国家金融法规政策及银行有关规定；有充足还贷来源和良好的还款意愿，能按期还本付息；能按规定提供有效的抵（质）押担保或符合总行规定的低风险担保。

建设银行小微企业贷款的基本条件是：经工商行政管理部门核准登记，持有人民银行核发的贷款卡（证），并年检有效；符合国家产业政策和建设银行信贷政策，依法合规从事生产经营，近两年无环保违法记录和食品安全违法记录；在当地具有固定的经营场所。若经营场所为租赁，需按时交纳房屋租金；在建设银行开立结算账户；信誉良好，通过中国人民银行企业征信系统查询近5年无不良信用记录；无参与高利贷、洗钱、地下钱庄等交易行为，无购买期货等高风险经营行为，且其实际控制人（及其配偶）无涉黑、参与高利贷等违法行为；企业主及其配偶品行端正，无不良嗜好，无不良信用记录。个人无不良信用记录是指通过中国人民银行个人征信系统查询，近2年内逾期或欠息在30天（含）以内的次数不超过6次，且不存在逾期或欠息在30天以上的信用记录；企业主及其配偶同意提供连带责任保证；企业主在当地有稳定住所，且至少具备以下条件之一：一是有当地户籍；二是在当地有房产（指居住用房及商铺，配偶双方任意一方名下均可，且未为第三方借款提供抵押）。

交通银行小微企业贷款的基本条件是：具有合法有效的身份证明；年龄加贷款年限不得超过60周岁。信用记录符合交通银行要求；具备按期偿还贷款本息的能力；借款人为其经营企业具有实际控制权的法人代表或股东；已持续成功经营两年以上，有稳定的赢利模式和现金流；无不良经营行为或从业记录；有固定的经营场所，注册地、经营机构必须与贷款经办机构在相同城市行政管辖区；如借款人属于个体工商户以外的其他类型企业业主的，要求其经营的企业拥有相对稳定的员工队伍，管理层从业经验丰富；财务结构合理，资产负债率适度；借款人所经营的企业属于特殊行业的，需取得国家有关部门颁发的经营许可证书、安全生产许可证；提供交通银行认可的担保；在交通银行开立结算账户，且原则上主要业务在交通银行结算。

渣打银行小微企业贷款的基本条件是：还款正常无逾期、冻结等非正常状态；通过渣打银行贷款用途核查无不合格情形；在渣打银行开立的活期账户达到合格账户状态。其中，合格账户状态系指中小企业客户在渣打银行开立的活期账户每月汇入及汇出款项次数大于10次（不含本数），且每月汇入及汇出总额大于或等于人民币30万元（利息收入、银行发放贷款、偿还银行贷款之款项除外）。

平安银行小微企业贷款基本条件是：借款人年龄18—60周岁，无不良信用记录；企业在注册经营，经营年限在一年以上，月对公或对私经营流水不低于 30 万元；在平安银行所在区域有房产，房龄最长不超过 25 年，估值不低于 150 万元，普通住宅、别墅、商铺、办公楼、厂房均可。

北京农商银行对中关村国家自主创新示范区内小微企业贷款的基本条件是：中关村示范区内具有独立法人资格的企业，经工商行政管理部门核准登记，并办理年检手续，且具备中关村高新技术企业资格；持有中国人民银行核发的经年检有效的贷款卡；依法进行税务登记，照章纳税；企业产权明晰，管理规范，财务制度健全，独立经营，单独核算，具有合法稳定的经营收入，近 3 年连续盈利；资产负债率不高于 70%；成立时间原则上在 3 年（含）以上；有固定生产经营场所，员工队伍稳定，企业信誉良好，具备按期还本付息能力，无不良信用记录；最近一个年度的信用等级在中关村科技园区管理委员会认可的合作评级机构评级 BBB 级（含）以上和本行评级 BBB 级（含）以上；抵押物只能是建筑物和土地使用权，抵押人仅以个人房产抵押的，要求至少还有一套家庭成员（本人、配偶及未成年子女）名下房产可供居住。

北京银行小型企业贷款基本条件是：发生信用业务前在北京银行开立账户，有一定结算量；建立信用关系以后在北京银行开立基本账户，经营收入基本在北京银行结算；持有经年检的法人营业执照及贷款卡；有固定的经营场所，信用良好，具备履约能力和偿债能力；连续经营且经营正常，有必要的组织机构、经营和财务管理制度；企业法定代表人和主要股东在北京有自有居住场所；企业可提供我行认可的担保，并接受实际控制人个人无限连带责任保证；能够遵守我国的法律法规，守法经营。同时规定，能够提供可作为第一还款来源担保的，基本条件可适当放松。微型企业基本条件有：企业在北京银行开立基本账户，经营收入全部在北京银行结算；主要经营者在北京银行开有个人账户；持有经年检的法人营业执照及贷款卡；在北京注册并有固定的经营场所，信用良好，具备履约能力；经营者或业主在北京有固定住所，有常住户口或有效居住证明；能够提供有效订单、合同等，证明具备充足的还款来源；可提供北京银行认可的担保，捆绑实际控制人无限连带责任保证；能够遵守我国法律法规，守法经营；经营者个人品行端正，社会反应良好。同时规定，能够提供可作为第一还款来源担保的，基本条件可适当放松。北京银行小微贷款限制性条件是具备以下特征的小企业不考虑对其提供信用业务：企业自身、企业法定代表人和总经理、主要股东、企业经营者或业主有不良贷款余额、担保余额，或有未结清的违约贷款；企业主要经营者从事本行业不足一年，或企业持续经营不足一年。担保公司担保、有价单证质押除外；企业主要管理人员涉嫌重大违法违纪案件；企业发生或涉入重大诉讼或仲裁案件，或发生经济合同下的重大违约事项；企业或企业法人背景不详，关联交易情况无法查清的。

七、商业银行小额抵押贷款的申请条件

小额抵押贷款是指借款人用未到期的整存整取、存本取息、大额可转让定期存单和外币定期储蓄存款存单作抵押，向其所开户的银行网点或能向其提供贷款的银行网点所申请的一种用于经营的抵押贷款。大部分商业银行小额抵押贷款起点为人民币 1 000 元，每笔贷款额不得超过存单面额的 80%，贷款最高限额不超过人民币 10 万元。借款期限不得超过抵押存单的到期日，若为多张存单抵押，以距离到期日最近的时间确定贷款期限，且最长不超过 1 年。贷款利率按同档次流动资金贷款利率只设半年期和 1 年期两档利率。如遇到利率调整，在贷款期限内利率不变。

小额抵押贷款申请条件是指借款人具备什么条件才能进入贷款申请程序，是商业银行对借款人进行借款提出的具体申请要求。凡在小额抵押贷款“贷款对象”范围之内，且又满足“申请条件”要求的小微企业都可向相关商业银行进行贷款申请操作。

工商银行小额抵押贷款的申请条件是：具有完全民事行为能力的自然人，年龄在 18 周岁（含）至 65 周岁（含）之间；

具有合法有效的身份证明及婚姻状况证明；外国人及港、澳、台居民为借款人的，应在中华人民共和国境内居住满一年并有固定居所和职业，并提供一名当地联系人；在工商银行获得D级（含）以上信用评价等级；具有合法的经营资格和固定的经营场所，能提供个体工商户营业执照、合伙企业营业执照、个人独资企业营业执照、或持有营运证、商户经营证、摊位证等经营证照或其他合法、有效经营资质证明，及经营场所的产权证明或承包、租赁证明资料；具有按时足额偿还贷款本息的能力；具有良好的信用记录和还款意愿，借款人在工商银行及其他已查知的金融机构无不良信用记录；除采用信用方式外，能提供工商银行认可的合法、有效、可靠的贷款担保；能提供银行认可的合法、有效、可靠的抵押物；在工商银行开立个人结算账户。若属于小额抵押贷款用于经营用车购置还应符合下列条件：购买经营用车的已支付所购车辆首付款；借款人单户（含配偶）在工商银行的个人商用车贷款不超过3笔（已结清除外）；具有所购车辆的购车合同、车辆保险合同以及借款人经营运输资格证明材料；除出租车外，购买其他客运及货运汽车的，须有符合条件的挂靠运输公司，并提供经运输公司全体股东或董事会签名盖章的承诺书。

农业银行小额抵押贷款的申请条件是：借款人年龄在18~60岁之间；具有中华人民共和国国籍、完全民事行为能力与合法有效身份证件；借款人及配偶符合我行规定的信用记录条件；具有固定住所或稳定的工作单位；信用评分在465分（含）以上；收入稳定，具备按期偿还信用的能力；贷款用途合理明确；在农业银行开立个人结算账户；能够提供本人或配偶名下的商业物业作为抵押物；同意与农业银行订立租赁收入监管协议，在农业银行开立租赁收入监管账户；个人信用评级在A级（含）以上。

建设银行小额抵押贷款的申请条件是：有合法的身份；有稳定的经济收入，信用良好，有偿还贷款本息的能力；有合法有效的购买、建造、大修住房的合同、协议以及贷款行要求提供的其他证明文件；至少有所购商业用房全部价款或评估价值（以两者较低额为准）50%及以上的自筹资金，并保证用于支付所购商业用房的首付款；有贷款行认可的资产进行抵押或质押，或（和）有足够代偿能力的法人、其他经济组织或自然人作为保证人。

交通银行小额抵押贷款的申请条件是：企业经营期限3年（含）以上，企业主要经营者从业经验3年（含）以上；企业基本户开立在交通银行，或承诺在下一授信申请日前将基本户转入交通银行；企业主要结算户开立在交通银行；企业及企业主信用良好；依据交通银行零售内部评级法客户评级（PD评级）须在10级（含）以上。

民生银行在小微企业贷款的规模方面高居国内首位，贷款品种较多。民生银行小额抵押贷款“易捷贷”的申请条件是：企业成立2年（含）以上，或主要股东（含实际控制人）本行业经营经验3年（含）以上；主营业务清晰且无不良记录；企业实际控制人无不良嗜好、无恶性不良信用记录；原则上在民生银行信用评级为B4级（含）以上。民生银行专门针对中小商户的“商贷通”申请条件是：具备完全民事行为能力，借款人本人及其家人均无不良信用记录；拥有或控制某经营实体，如个体工商户、中小企业等，经营实体无不良信用记录；家庭实物净资产不低于50万元，实物净资产主要是已经还清贷款的房产、汽车；若从事生产经营投资活动（包含承包、租赁活动），原则上借款人需要拥有3年以上行业工作经验，并在民生银行机构所在地有固定经营场所且连续经营2年（含）以上；借款人所经营的企业非房地产、娱乐、钢贸；原则上，借款人需要具有民生银行机构所在地城镇常住户口或有效居留身份，并拥有固定住所；在民生银行开立有个人结算账户，借款人的经营实体在民生银行开立有企业结算账户。民生银行针对一次抵押3年内循环使用“循环贷”的贷款条件是：注册成立3年（含）以上，合法经营且无不良记录；民生银行续授信客户或拟长期合作的优质企业；主营业务清晰，前2个会计年度营业收入稳定增长；民生银行为主要结算行或唯一融资行，民生银行结算占比原则上应不低于50%且至少在民生银行办理网上银行、代发工资、代缴税费、代缴水电费等业务中的一项；企业实际控制人无不良嗜好、无恶性不良信用记录。

中信银行小微企业贷款的申请条件是：具有有效身份证件，在分行辖内机构所在地有经营实体；借款人及其配偶在人民银行“个人信用信息基础数据库”中当前无逾期，原则上近24个月内个人经营贷款无违约记录，非个人经营贷款的逾期记录累计不得超过6次且每次逾期天数原则上不超过15天，且未列入银监会违约名单；借款人及其配偶无刑事处罚记录，且无涉黄、涉黑、涉赌、涉毒、涉高利贷、涉重大经济纠纷；具有完全民事行为能力，年满20周岁（含）至60周岁（含），且授信到期时其年龄不超过65周岁（含）；原则上借款人从业经验在2年（含）以上；提供符合规定的合法、有效的担保。借款人用款经营实体须同时符合以下条件：具有工商行政管理机关核发的营业执照及其他有效证件，证件年检合格且在有效期内；在分行辖内经营机构所在地有固定的经营场所，主营业务突出，原则上持续经营 2 年（含）以上，且应保持一定的盈利性；无违法违规记录，无未结案的被诉讼、被执行记录；信用记录良好，当前无逾期贷款；借款人能在我行开立结算账户，并在我行办理相应结算。用款经营实体存在以下情况的客户不得准入：生产、经营国家明令禁止的产品；授信用于国家明确规定的禁止用途。

八、怎样准备小额抵押贷款申请材料

目前国内各家商业银行对小微企业贷款需提交的材料并未有统一的规定，它会由于具体贷款品种和贷款数额的不同而有所区别。同时，所处经营区域的不同，也会带来具体贷款准备材料的要求不同。主要提交的材料归集如下：借款人个人填写的个人经营贷款申请表；借款人及配偶身份证、户口簿或有效居住证明、居住地址证明、婚姻状况证明；借款人配偶承诺共同还款的证明；经过年检的从事生产经营的营业执照，企业章程及验资报告、出资协议，从事许可制经营的，应提供相关行政主管部门的经营许可证原件及复印件；合伙或公司制企业还应出具企业合伙经营协议或章程及验资报告、出资协议原件及复印件；贷款用途证明（如购货合同等）；经营场所产权证明或租赁证明；生产经营活动的纳税证明；借款人获得质押、抵押贷款额度所需的质押权利凭证、抵（质）押物清单及权属证明文件、权属人及财产共有人同意质押、抵押的书面文件；商业银行二级分行（含）以上认可的评估部门出具的抵押物估价报告；借款人个人收入证明材料或个人资产状况等能反映借款人真实还款能力的证明材料；近期银行结算账户明细或相关资金出入账证明或经审计的财务报表和纳税凭证；贷款用途的相关协议、合同或其他证明文件（仅在单笔贷款发放或授信项下贷款支用时提供）；最近 3 个月水电费缴费发票；采取质押担保的，应提交质物凭证。以第三方权利质押的还需提供出质人身份证明、同意质押的书面证明。其中，借款人须填写的贷款申请相关资料表格的格式如表 1 ~ 表 5 所示。

表 1　　中国 × × 银行个人经营性贷款申请表

□申请人　□共同申请人

借款人姓名			性　别	□男　□女		
证件号码			出生日期	年　月　日		
最高学历	□研究生（含）以上 □本科 □大专 □中专 □高中 □初中（含）以下					
最高学位	□名誉博士 □博士 □硕士 □学士 □未知 □无					
健康状况	□良好 □一般 □差		婚姻状况	□未婚 □已婚 □离婚 □丧偶		
国　籍			户籍	□本地户口 □外地户口 □外籍 港澳台		
户籍所在地	省　市　区（县）					
本地居住年限	□本地常住户口　□非本地户口工作居住 3 年（含）以上 □非本地户口工作居住 1 年（含）以上 □非本地户口工作居住 1 年以内					
本行员工	□是　□否		公积金账号			
是否循环	□是　□否					
社会保障	□意外伤害险 □养老保险 □医疗保险 □住房公积金 □失业保险 □无					
现住房情况	套　数		建筑面积		房　龄	
居住状况	□自置 □按揭 □亲属楼宇 □集体宿舍 □租房 □共有 □其他 □未知					
工作单位					所在部门	
单位地址					单位邮编	

续表

<table>
<tr><td>单位电话</td><td colspan="3"></td><td>手机号码</td><td></td><td>单位联系人</td><td></td></tr>
<tr><td>单位性质</td><td colspan="3"></td><td colspan="2">目前工作持续年限</td><td colspan="2">年　　月</td></tr>
<tr><td>行　　业</td><td colspan="3"></td><td colspan="2">职　　业</td><td colspan="2"></td></tr>
<tr><td>职　　称</td><td colspan="3"></td><td colspan="2">职　　务</td><td colspan="2"></td></tr>
<tr><td>月总收入</td><td colspan="3"></td><td colspan="2">币　　种</td><td colspan="2"></td></tr>
<tr><td>供养人数</td><td colspan="3"></td><td colspan="2">是否为低保户</td><td colspan="2">□是　□否</td></tr>
<tr><td>家庭地址</td><td colspan="7"></td></tr>
<tr><td>家庭电话</td><td colspan="4"></td><td>邮　　编</td><td colspan="2"></td></tr>
<tr><td rowspan="3">配偶信息</td><td>证件号码</td><td colspan="3"></td><td>联系电话</td><td colspan="2"></td></tr>
<tr><td>姓　　名</td><td colspan="3"></td><td>工作单位</td><td colspan="2"></td></tr>
<tr><td>职　　务</td><td colspan="3"></td><td>月总收入</td><td colspan="2"></td></tr>
<tr><td rowspan="2">其他联系人</td><td>姓　　名</td><td colspan="3"></td><td>联系电话</td><td colspan="2"></td></tr>
<tr><td>姓　　名</td><td colspan="3"></td><td>联系电话</td><td colspan="2"></td></tr>
<tr><td>目前家庭贷款情况</td><td>贷款余额</td><td></td><td>期供金额</td><td></td><td>贷款银行</td><td colspan="2"></td></tr>
<tr><td colspan="5">申请借款金额</td><td colspan="3"></td></tr>
<tr><td>申请借款期限</td><td colspan="7">年　　月（自　　年　　月　　日至　　年　　月　　日）</td></tr>
<tr><td>还款方式</td><td colspan="7">□利随本清　□等额本息法　□按月付息到期还本
□等额本金法　□净息还款法（1:4 等额本息）
□净息还款法（2:3 等额本息）　□净息还款法（1:4 等额本金）
□净息还款法（2:3 等额本金）　□双周供
□自选日还款法　□等本递增法　□等本递减法
□其他还款方式：________________</td></tr>
</table>

续表

<table>
<tr><td rowspan="6">借款人家庭收入/支出及资产情况</td><td colspan="7">年收入　　万元，其中工资收入　　万元，其他收入　　万元</td></tr>
<tr><td colspan="7">年支出　万元，其中生活费支出　万元，子女教育费　万元
赡养费　万元，归还借款支出　万元，其他支出　万元</td></tr>
<tr><td colspan="7">家庭净收入　　万元</td></tr>
<tr><td colspan="7">其他家庭财产：存款　万元，国债　万元，股票　万元
房产　万元，保险现金价值　万元，基金　万元</td></tr>
<tr><td colspan="7">上述收入及资产请提供相关证明。</td></tr>
<tr><td colspan="7"></td></tr>
<tr><td rowspan="2">参与还款人情况</td><td>姓名</td><td>与本人关系</td><td>工作单位</td><td>联系电话</td><td>月收入</td><td>参与还款额</td><td>本人签字</td></tr>
<tr><td></td><td></td><td></td><td></td><td></td><td></td><td></td></tr>
<tr><td>借款人声明</td><td colspan="7">上述资料真实有效，若有虚假资料，借款人愿根据法律法规的规定承担责任，借款人同意银行使用以上资料或对以上资料进行查询核实。
本人保证在取得银行贷款后，按时足额偿还贷款本息。
本人在上列联系电话发生变化时，在10日内书面通知银行，如不通知，产生的一切后果由我本人负责。
借款人：　　　　手印：　　　　年　　月　　日</td></tr>
</table>

表2　　中国××银行小微企业贷款借款人基本情况表

□申请人　□共同申请人

<table>
<tr><td>姓 名</td><td></td><td>性 别</td><td></td><td>出生年月</td><td></td></tr>
<tr><td>籍 贯</td><td></td><td>联系电话</td><td></td><td>婚姻状况</td><td></td></tr>
<tr><td>证件名称</td><td></td><td>证件号码</td><td colspan="3"></td></tr>
<tr><td>现 住 址</td><td colspan="5"></td></tr>
<tr><td>工作单位</td><td colspan="3"></td><td>职 务</td><td></td></tr>
<tr><td>工作单位地址</td><td colspan="5"></td></tr>
<tr><td>工作单位性质</td><td colspan="2"></td><td>单位联系电话</td><td colspan="2"></td></tr>
<tr><td>月 收 入</td><td colspan="2"></td><td>家庭月总收入</td><td colspan="2"></td></tr>
</table>

续表

借款人家庭借款情况			
借款人家庭对外担保情况			
申请借款金额	人民币　　　　元（大写：　　　）		
申请借款期限		借款利率	%（年）
借款用途			
还款来源		还款方式	
保 证 人		抵 押 物	

以上所提供资料真实合法有效。若有虚假资料，借款人愿根据法律法规的规定承担责任，借款人同意银行使用以上资料或对以上资料进行查询核实。

借款人签字：　　借款人手印：

年　月　日

表3　　中国××银行贷款抵押物基本情况表

□申请人　□共同申请人

抵押物名称		抵押物权利证明文件编号	
抵押物位置			
抵押物面积		抵押物结构	
抵押物构建时间		抵押物购买时间	年　月
抵押物所有权人		联系电话	
抵押物共有人		联系电话	
抵押物保险机构名称			
抵押物现在状态		抵押物评估价值	
抵押物变现能力		抵押物质量状况	

续表

抵押物所有权人声明：

本人同意用自有房屋为__________向__________借款__________元，期限__________月一事提供抵押，并保证在本息还清之前不撤销抵押。

声明人签字：　　　　声明人手印：

年　月　日

抵押物共有人声明：

本人同意用自有房屋为________向________借款__________元，期限__________月一事提供抵押，并保证在本息还清之前不撤销抵押。

声明人签字：　　　　声明人手印：

年　月　日

表 4　　中国××银行保证人基本情况表

□申请人　□共同申请人

姓 名		性 别		出生年月	
籍 贯		联系电话		婚姻状况	
证件名称		证件号码			
现住址					
工作单位				职 务	
单位地址		单位性质		单位电话	
月 收 入			家庭月总收入		
保证人家庭借款情况					
保证人家庭对外担保情况					
保证人与借款人的关系					

以上所提供资料真实合法有效。

保证人签字：　　保证人手印：

年　月　日

表5　　中国××银行借款人贷款担保审批表

□申请人　□共同申请人

借款人		借款金额	
借款期限		利　率	%（年）
担保费率		担保费	
履约保证费率		履约保证金	
保证人		抵押物	
抵押物评估价值			
贷前调查人员意见： 调查人员签字： 年　月　日			
担保风险部经理意见： 中心经理签字： 年　月　日			
审贷委员会意见： 审贷委员会人员签字： 年　月　日			

小微企业贷款须提供的材料全部要原件的复印件，加盖公章，页数多的可以加盖骑缝章，股东或者其他签字的地方须加盖有本人手印。其中，企业相关资料主要有：企业介绍；营业执照（正、副本）及其复印件；企业的相关资格、资质证书及其复印件；法人身份证复印件及履历表；公司章程（最新工商局查档）；公司验资报告（最新工商局查档）；财务负责人、股东等身份证复印件及履历表；贷款卡复印件（附卡号及查

询密码；企业近三年财务报表资料；企业最近月份财务报表；基本结算账户开户证明；近半年的水电费缴费发票及其复印件。贷款相关资料主要有：主要销售合同；主要采购合同；小微企业贷款申请表；董事会（股东会）决议（在签字处，加盖手印）；董事会成员（股东）签字样本（每位董事会成员或股东要在签字处加盖手印）；相关认证及荣誉证书；税务缴费清单（尽量提供连续一年的，不能提供一年的提供连续的6个月）；银行对账单或者流水（尽量提供连续一年的，不能提供一年的提供连续的6个月）；抵（质）押物清单（房产证、国土证复印件）；个人信用查询授权书（法人、股东、财务主管、销售负责人、总经理、技术负责人等主要管理人员，每人各签一份，并在签名处加盖手印）。其中，小微企业贷款申请书的格式如表6所示。

表6　　中国××银行小微企业贷款申请表

致中国××银行　　　　支行

企业客户名称			
企业客户类型	□有限责任公司 □股份制公司 □合伙企业 □个人独资企业□个体工商户 □其他		
营业执照编号		执照有效期限	年 月 日
注册资本		在本行开户年限	
持续经营年限		电话/传真	
联 系 人		电子邮箱	
通讯地址			
营业场所性质	□自有 □租赁剩余有效期在1年（含）以上 □租赁剩余有效期不足1年		

续表

<table>
<tr><td rowspan="2">是否在
本行开户</td><td colspan="6">□是 开户行：
账户性质：□基本户 □一般户</td></tr>
<tr><td colspan="6">□否 □承诺在本行开立基本结算账户</td></tr>
<tr><td>与银行
合作情况</td><td colspan="6">□对公存款 □对公贷款 □贸易融资 □保理 □现金管理
□单位客户账单服务 □国内信用证 □单位通存通兑
□其他单位人民币结算 □国际结算 □单位结售汇
□代发工资 □顾问咨询 □债务融资工具承销与投资银行理财
□保函 □企业年金 □实业投资托管 □证券保证金独立存管业务
□企业网上银行渠道 □现金管理系统</td></tr>
<tr><td>法定代表人</td><td></td><td>从业年限</td><td></td><td>联系电话</td><td colspan="2"></td></tr>
<tr><td>企业主实际控制人姓名</td><td colspan="3"></td><td>企业主从业年限</td><td colspan="2"></td></tr>
<tr><td>企业主身份证</td><td colspan="3"></td><td>企业主固定电话</td><td colspan="2"></td></tr>
<tr><td>企业主户籍所在地</td><td colspan="3"></td><td>企业主移动电话</td><td colspan="2"></td></tr>
<tr><td>企业主现居住地址</td><td colspan="6"></td></tr>
<tr><td>在企业中担任职务</td><td colspan="6"></td></tr>
<tr><td rowspan="2">配偶情况</td><td>配偶姓名</td><td></td><td>工作单位</td><td></td><td>职 务</td><td></td></tr>
<tr><td>电话/手机</td><td></td><td>年收入</td><td colspan="3">万元</td></tr>
<tr><td>申请金额</td><td colspan="2"></td><td>贷款期限</td><td colspan="3">个月</td></tr>
<tr><td>贷款用途</td><td colspan="2"></td><td>还款来源</td><td colspan="3"></td></tr>
<tr><td>提交
资料</td><td colspan="6">（一）企业
□营业执照 □贷款卡 □法人代表身份证明材料 □公司章程
□借款人有权机构决议 □近 2 年的年度财务报表及最近一期财务报表
□近 12 个月的主要结算银行账户的对账单 □借款用途证明材料
□企业资产证明材料
（二）企业主
□身份证明材料 □婚姻关系证明材料 □当地居住证明材料
□企业主个人及其配偶资产证明材料 □配偶的相关材料 □其他</td></tr>
</table>

续表

声明人声明	1. 本人保证上述所提供的信息和资料的真实性、准确性和完整性，同意并授权贵行向有关方面查证。 2. 在签署本申请表格之前已充分了解了贵行相关规定，已充分理解根据该规定所办理业务的法律后果，在此基础上同意向贵行申请贷款业务。 申请人（公章） 借款企业法定代表人或授权代理人（签字）： 企业主或实际控制人及配偶（签字）： 日期：　　年　　月　　日

九、商业银行小额担保贷款怎样申请

小额担保贷款是以解决符合一定条件的待就业人员从事创业经营自筹资金不足的一项贷款业务，包括自谋职业、自主创业或合伙经营和组织起来创业的开办经费和流动资金。国内各地区对申请小额担保贷款额度有不同规定，许多地区额度已经超过5万元。合伙经营贷款额度更大；小额担保贷款的期限一般不超过2年，可展期一年。中国人民银行、财政部、原劳动和社会保障部联合下发的《关于改进和完善小额担保贷款政策的通知》（银发2006年5号），明确由各省、自治区、直辖市、计划单列市人民政府结合实际确定微利项目的范围。主要包括：家庭手工业、修理修配、图书借阅、旅店服务、餐饮服务、洗染缝补、复印打字、理发、小饭桌、小卖部、搬家、钟点服务、家庭清洁卫生服务、初级卫生保健服务、婴幼儿看护和教育服务、残疾儿童教育训练和寄托服务、养老服务、病人看护、幼儿和学生接送服务。对于从事微利项目的，贷款利息由财政承担50%（中央财政和地方财政各承担25%，展期不贴息）。小额担保贷款利率按照中国人民银行公布的贷款利率水平确定，不得向上浮动。从事微利项目的小额担保贷款由中央财政据实全额贴息，展期不贴息。

小微企业如果需要申请小额担保贷款的话，应由小微企业在确认贷款需求后，提出贷款担保申请，而后由准备提供担保的公司考察企业的经营情况、财务情况、抵押资产情况、纳税情况、信用情况、企业主情况，初步确定担保与否。担保公司会与贷款银行沟通，进一步掌握银行提供的企业信息，明确银行拟贷款的金额和期限。而后担保公司与企业签定贷款担保及反担保协议，资产抵押及登记等法律手续，并与贷款银行签定保证合同，正式与银行、企业确立担保关系。放贷银行在审查贷款担保的基础上向企业发放贷款，同时向企业收取担保费用。担保公司会在贷款使用期间跟踪企业的贷款使用情况和企业的运营情况，通过企业季度纳税、用电量、现金流的增长或减少最直接跟踪考察企业的经营状况。担保公司会在借款企业还贷前一个月，预先提示，以便企业提早作好还贷准备，保证企业资金流的正常运转。担保公司在借款企业还清贷款后，凭企业的银行还款单，解除抵押登记，解除与银行、企业的担保关系。同时，记录本次贷款担保的信用情况，分为正常不正常、逾期、坏账四个档次，为后续担保提供信用记录。同时，担保公司将与银行、企业签定的各种协议以及还贷后的凭证、解除担保的凭证等整理归档、封存、以备今后查档。

小微企业申请小额担保贷款的材料主要有：小额担保贷款申请书（一式叁份）；户口本复印件（一式叁份）；身份证复印件（一式叁份）；租房协议或自有房产证明复印件（一式叁份）；营业执照副本、卫生许可证、生产许可证复印件（一式叁份）；再就业优惠证复印件（一式叁份）；贷款银行要求提供的其他材料。以上复印件必须用 A4 复印纸，同时需出具原件。

附件：广州市小额担保贷款申请书格式（摘录其基本内容）

劳动保障部门编号：
担保中心编号：
经办银行编号：

广州市小额担保贷款申请书（个体经营）

贷款申请人：____________
受理日期：　　年　　月　　日

填表说明：

一、“贷款经办银行”由借款人在指定经办银行中选择一家填写。“申请贷款项目”指贷款申请人自谋职业、自主创业的个体经营项目。

二、微利项目指申请人在社区、街道等从事的商业、餐饮、修理和种养业等个体经营项目，具体包括：家庭手工业、修理修配、图书借阅、旅店服务、餐饮服务、洗染缝补、复印打字、理发、小饭桌、小卖部、搬家、钟点服务、家庭清洁卫生服务、初级卫生保健服务、婴幼儿看护和教育服务、残疾儿童教育训练和寄托服务、养老服务、病人看护、幼儿和学生接送服务项目。微利项目由劳动保障部门审查时加盖确认意见，并由经办银行核贷时认定。

三、“申请贷款额度”不能超过5万元，“申请贷款期限”不能超过两年。

四、“小额贷款担保的反担保情况”中的“反担保方式”

由借款人选择房产抵押、本市户籍自然人保证担保方式填写。

五、借款人填写广州市小额担保贷款申请书需提供以下资料原件及复印件（凡复印件一式六份）：

1. 广东省就业失业手册、身份证、户口簿及工商营业执照；

2. 申请人根据所属类型提供再就业优惠证、低保证、广州市生源高校毕业生公共就业服务卡、转业军人证明书、自主择业转业干部身份证明、复员退伍军人证明书、城镇退役士兵自谋职业证及失业人员参加区以上劳动保障职业培训机构创业培训取得的创业培训结业证书；

3. 反担保有关资料：（1）房产抵押方式：房产产权证书；（2）本市户籍自然人反担保保证方式：反担保保证人身份证、月收入证明，所在财政拨款单位或在广州地区参加社会保险的证明。

以上资料须采用A4规格纸清晰复印，证照类复印件必须由街道（镇）劳动和社会保障服务中心审查核对，注明与原件相符并加盖公章。

六、申请人在银行征信系统无不良记录。

七、本表“劳动保障部门编号”由市劳动就业服务管理中心为区劳动就业服务管理中心、街道（镇）劳动和社会保障服务中心统一编号；担保机构和经办银行分别按受理顺序编号。

表 7 借款人情况

姓　名			性别		年龄	
身份证号码						
户口地址						
家庭住址						
联系电话				邮政编码		
原工作单位						
毕业院校				毕业时间		
家庭主要成员	姓　名	与借款人关系	工 作单 位			月收入

表 8 贷款经办银行

贷款经办银行名称	
贷款经办银行地址	
贷款经办银行电话	

表 9 贷款项目计划

申请贷款项目			
是否微利项目		营业证照登记所在区	
申请贷款额度		自有资金	
申请贷款期限			
开户银行			
银行账号			
安排本市户籍就业人数（含借款人本人）			

续表

自谋职业、自主创业项目的市场前景盈亏情况预测：
还贷付息计划：

表 10　小额贷款担保的反担保情况

反担保方式	□ 1. 免除反担保　□ 2. 房产抵押　□ 3. 本市户籍自然人保证担保		
1. 免除反担保情况：			
□ 复员转业退役军人取得创业培训结业证书 □ 高校毕业生取得创业培训结业证书 □ 就业困难人员取得创业培训结业证书 □ 低保人员 □ 夫妻双方失业并持有再就业优惠证　□ 单亲家庭失业人员 □ 持有再就业优惠证，并取得创业培训结业证书			
2. 房产情况（仅限于住房或商铺）：			
所有权人姓名		产权证号	
用　　途		面　积	
3. 反担保保证人情况：			
姓　名		性　别	
出生日期		学　历	
身份证号码		联系电话	
家庭住址			
工作单位			
职　务		单位性质	
社会保险号		是否财政拨款单位	

续表

反担保保证人声明： 本人愿意为借款人______________的小额担保贷款提供保证反担保责任，若借款人未按规定履行还款义务或丧失还款能力，本人愿意代为履行还款义务。在广州市融资担保中心代偿后，本人愿意签订《债权债务确认协议》、《还款计划》及履行相应的还款义务，否则，本人愿意承担由此产生的一切法律责任。 反担保保证人（签名）： 年　月　日
借款人声明： 以上资料完全属实，并承诺在广州市融资担保中心代偿后，签订《债权债务确认协议》、《还款计划》及按时履行还贷款义务，否则，本人愿意承担由此产生的一切法律责任。 借款人（签名）： 年　月　日

表 11　审核意见

劳动保障部门意见	街道（镇）劳动和社会保障服务中心意见： （公　章） 经办人：　年　月　日
	区劳动就业服务管理中心意见： （公　章） 经办人：　年　月　日
	市劳动就业服务管理中心意见： （公　章） 经办人：　年　月　日

续表

担保中心意见	（公　章） 经办人：　　　　年　　月　　日
经办银行意见	（公　章） 经办人：　　　　年　　月　　日

十、认真应对信贷员的现场调研

银行信贷员是银行派出的调查借款方所提供信息是真是假的工作人员，主要负责调查借款企业和借款个人的经营实力和发展潜力，并向其提供贷款方面的政策咨询服务。主要工作内容有：公布经营贷款的种类、期限、利率、条件，提供咨询服务；指导填写借款申请书，帮助办理贷款申请及其他业务；协助有关人员和部门对借款人的信用等级进行评定；调查借款人的合法性等因素，核实抵押物、质物、保证人情况，测定贷款风险度；回复贷款申请，签订借款、保证合同或办理公证手续；发放贷款，追踪调查、检查借款人执行合同及经营情况；发送还本付息通知单，敦促借款人还付借款；发送催收通知单，催收逾期贷款本息；收集有关资料，协助有关部门起诉未落实还本付息的借款人；建立和完善贷款质量保全制度，分类、登记、考核、催收不良贷款，及时核销呆账贷款；协助办理商业汇票的承兑、贴现和再贴现工作。

按照目前商业银行小微企业贷款管理办法的相关规定，小微企业在向商业银行进行贷款申请时，商业银行信贷员必须对小微企业或者个体经营者进行贷前现场调查，并形成正式的评估报告。能否正确应对信贷员贷前调查是小微贷款能够申请成功的重要一环，切不可敷衍了事。

放款银行对借款人基本情况的调查主要集中在以下几个方面：

1. 对客户基本情况调查的目的主要是通过对客户基本情况的采集和分析，熟悉客户基本情况。信贷调查员通常会有以下工作内容：了解法定代表人简历及经营业绩。对企业老板素质、经营历史、行为记录和还款记录的了解也变得越来越重要。可以通过媒体、老板自己的证书、自述、员工及周围人群对企业领导者的个人履历进行了解。了解企业和财务主管。企业、财务主管存在欺诈、赖账、破产和犯罪等不良记录的要特别注意。

2. 对客户进行资本状况调查的目的是了解客户的资本构成情况。对企业背景、原始实力有一个基本了解，为以后可能发生的放贷银行追讨债务、资产保全提供保障和线索。信贷调查员通常会有以下工作内容：查询工商行政管理局注册备案材料与企业提供的情况是否相符。了解客户股东的承诺投资是否到位。出资形式是什么，以现金出资的，应有进账凭证；以实物出资的，要提供有权评估部门出据的评估报告和财产转移手续；以无形资产入资的，信贷调查员要了解无形资产入资的内容及是否符合有关法律、法规的规定，同时要提供相应的评估报告，特别是注意评估报告的有效期限和产权转移手续。股东采取实物出资的，其实物是否足值即其实物评估值是否存在与目前市场价值不符之处。

3. 对客户进行组织结构方面调查的目的是通过对客户的组织框架的了解，形成对客户的治理结构的把握，从而对客户行为方式、整体状况有所了解。信贷调查员通常会有以下工作内容：与同行业其他企业相比较，观察其是否具有符合市场规律的企业制度。看其管理机制是否高效、是否存在机构臃肿、人浮于事的现象，并以此说明借款人是否具有较高的管理水平，有较强的市场竞争力。

4. 对客户进行母、子公司组织结构调查的目的是通过了解客户母、子公司组织结构，把握和分辨企业的关联交易、关联担保等事项，并为今后有可能发生的查封实物、股权等资产保全措施提供依据。信贷调查员通常会有以下工作内容：资本线索了解，即以借款人是否通过资本投资关系直接或间接地控制其他企业，及通过资本投资关系直接或间接受其他企业控制来判断是否属于母、子关系。管理者线索了解，即是否存在通过主要经营管理者同时兼任多家客户的管理者等情况分析，判断客户母、子关系。通过客户母、子公司组织结构图，分析组织结构是否合理，是否存在企业通过关联交易造成担保不实、报表不实情况；是否存在由于借款人的母公司或子公司经营不善，而影响到与我行有贷款关系客户的经营活动或未来还款来源的情况。

5. 对客户进行银企关系及对外担保调查的目的是全面了解贷款客户负债及或有负债情况，全面了解客户承贷和还贷能力。信贷调查员通常会有以下工作内容：了解是否存在母、子公司内部交易，粉饰借款人的财务报表，使得借款人的信用等级、授信额度被高估，从而有利于借款人从我行贷款的情况发生。判断对借款人授信是否按集团公司或关联公司方式进行。对借款人对外担保情况部分的了解，主要是客户以自身财产或资金为对外担保公司做抵押、质押担保时，放贷银行就要考虑如果对外担保公司出现经营或其他问题而无法偿还银行债务时，由此承担连带责任对借款人经营活动的影响。了解客户在他行的信誉状况，以此作为放贷银行对其是否发放本笔贷款的参考。了解客户在他行贷款的起止日期，分析是否存在借款人从放贷银行贷款用于偿还他行贷款的可能。

放款银行信贷员对借款人经营状况的调查主要集中在以下几个方面：

1. 对客户总体发展状况调查的目的是综观其经营规模状况，了解借款人在其所属行业中的地位。信贷调查员通常会有以下工作内容：通过客户的市场占有率、了解客户产品销售状况。分析客户发展前景及收入水平。通过与同行业的企业的销售（营业）增长率、所有者权益增长率（特别是与主要竞争对手）的比较，分析借款人在行业中的发展趋势和能力。如果借款人销售（营业）增长率、所有者权益增长率变化较大，了解变化较大的原因，并分析其合理性。

2. 对客户销售情况调查的目的是对企业产品的生产经营情况有一个细致的把握。如果借款人属于加工制造业，信贷调查员通常会有以下工作内容：通过主要产品及销售额的把握，分析借款人的销售额的来源是否真实。通过主要产品销售收入所占比例可发现其对主营产品的依赖程度。对主要产品的市场前景分析并结合借款人的市场经营策略，可预见借款人的发展前景。且一旦主要产品出现问题，将对借款人的生产经营带来多大的影响。通过对主要客户的依赖程度来分析主要客户的关系出现问题后，对借款人的生产经营秩序的干扰。对主要客户也要进行一定程度的了解和分析。要抽查企业的销售合同及相关销售税票以证实企业销售的真实性。对销售方式进行了解，是采用统销或是分销；同时，还要关注付款方式。如果借款人属于供应商，信贷调查员通常会有以下工作内容：分析客户的供应商所供应的产品是否充足，是否稳定，是否存在赊销情况。是否会出现在借款人取得订单后在生产中出现原材料短缺的现象。供应商单一，一旦供应商出现问题，将影响原材料的供应。了解供应商的信誉及供货质量。

3. 对客户管理水平及激励机制调查的目的是判断企业的管理层次和对人才的吸引力，预测企业发展前景。

4. 对客户行业现状及发展趋势分析调查的目的是通过选项，对客户产品生命力、发展趋势进行判断。

5. 对客户核心竞争能力分析调查的目的是了解客户在竞争中存在的对手短时间内难以赶超的优势，是客户发展后劲的集中体现。

6. 对客户重要事件调查的目的是及时发现企业即将出现的变化，为贷款退出、保全、进入提供重要参考。信贷调查员通常会有以下工作内容：法人变更必然影响企业未来的行为方式和经营方式。对外重大投资、投资失误、生产转向必然影响客户经营。涉及法律纠纷，直接影响经营。大量增员或裁员：预示着公司扩大生产或生产萎缩。媒体不利报道，预示着企业存在某一方面的问题。

由于诸多原因，小微企业的财务行为普遍不规范，普遍存在销售不全部入账、会计记录不全，企业资产和个人资产难以区分的现状。而且基于不同利益的诉求，小微企业提供给社会各个层面的财务报表都各不相同，真实性难以确认。若银行信贷员在小企业贷款贷前调查中拘泥于客户提供的资料，就报表分析报表，不调查、不核对、不核实，造成贷前调查失实，会增加信贷风险。同时，借款人的资产负债表述由于种种原因会存在纰漏问题。鉴于此，放款银行信贷员对借款人基本财务状况的调查主要集中在以下几个方面：

1. 核对报表数据，看数据是否衔接。将报表数与账簿（总分账，现金账，应收应付等）记载数核对，账簿记载数与记账凭证（逐月凭证）核对，本期报表与上期（上年末）报表核对，主要看数据是否一致、前后是否衔接；对新办企业、有在建工程项目的单位要审核凭证，查看实际投入（付款，查看发票）情况等。通过这一系列的核对可以初窥视企业是否有做假的端倪。

2. 核对资金往来，了解企业业主信用状况和产品质量。向小微企业往来协作的上下游企业核实其应收账款、其他应收款、应付账款、其他应付款。通过应收账款的核实，判断货款欠账的机率，从侧面掌握其产品质量、竞争力和市场前景；通过对应付款项的核实，了解企业拖欠他人货款的原因、时间长短等情况，摸清企业的一贯信用程度和偿债能力。

3. 盘点实物，摸清家底是否殷实。盘点存货及实有固定资产并与其账面数进行比较，尤其关注企业固定资产入账情况。仔细分析其固定资产入账的真实合理性。估价入账的，估价是否合理？少入账、未入账部分是租赁资产还是没有付款或是分期付款？还是为避税的利益驱使而不入账或通过计入配件、原料等方式已从成本中列支？

4. 纵向分析企业历史数据。以企业用电量、实交税金、实发工资等为切入点通过对企业数据资料的纵向历史分析了解其生产、经营、销售现状和盈利能力，掌握企业真实的财务资料。通过用电量、用水量分析，了解其生产量和开工率变化情况，对比存货变化情况，可大致了解其实际生产、销售情况；通过实际经营纳税（查补税款不算）分析，了解其产品销售和盈利能力变化情况；通过实发工资额度、发放工资时间分析，了解其现金流是否充足，从业人员是否稳定。

5. 进行同行业对比分析，以及与行业均值对比分析。通过横向对比分析了解其管理水平如何，生产设备、生产工艺是否落后。实交税金、用电量和用水量从税务部门、电力部门、供水部门可直接查到，工资发放情况通过代发工资也能掌握，真金白银的支出是真实、有用的信息，银行信贷员多会注意收集此类信息，作为数据分析的支撑。

信贷员在借款人财务报表重要资产类科目分析中，“货币资金”是企业归还银行贷款本息的直接资产。在其真实性分析中：要拿企业月末银行对账单与其报表的银行存款进行核对。跟踪借款人资金流向，大额划款去向是否与贷款用途、企业经营范围不相符。提现是否正常。“应收账款”真实性分析中，对主要欠款人有所了解，要了解欠款人的质量，是否是借款人的关联公司，应收账款是否属实。如确属于过期账款，就要考虑是否应将其列入应收账款中。对于应收账款账户集中于少数大的欠款人相较于应收账款分散在众多的欠款人中，则风险要大。通过对“应付账款”的了解，可发现借款人的市场经营情况，借款人产品市场竞争激烈，处于买方市场，则借款人为更多地卖出商品而赊销，使得应收账款大量增加。同时，从应收账款回收期的长短与同行业其他企业相比较，分析借款人产品竞争力的大小也是信贷员常用的手段。“其他应收款”项目主要是了解主要欠款人情况，分析其收回的可能性。其他应收款的主要欠款人是否有其主要股东。考察“存货”的储存期和规模，会采取横向比较与纵向比较相结合的方式。存货的流动性分析会更多关注存货周转时间，直接反映企业的经营和偿债能力，可以通过存货周转率或存货周转天数考察。信贷员会注意存货价格的稳定性和市场适销性，存货是否投保，保额是否充足。对产品结构需要调整、或转产的企业进行时，会对加工中的在产品、半成品及产成品的价值按市场价格予以确认或打折。“长期股权投资”项目是银行进行资产保全的主要关注目标。信贷员会检查长期股权投资是否真实存在，投资的规模是否与企业报表所列相称，风险大小和收益，是否虚构了投资业务。“固定资产”分析要求必须到现场看到固定资产实物，并核对固定资产明细账，根据市值估算固定资产的真实价值。借款人固定资产是否全额投保。客户是否足额提取折旧，并保持固定资产的良好状况。如果客户未按规定计提折旧，应进一步分析客户未计提折旧原因，是否属于经营、财务方面出现了问题。固定资产是否具有易变现性，但借款人无法偿还银行贷款，拍卖固定资产的可操作性和售价。“无形资产”项目主要是检查借款人无形资产有无相关证明文件。计价是否合理，摊销的年限是否符合国家有关规定。是否存在客户随意调节无形资产的摊销年限以达到调节利润、资产的目的。

报表重要负债类科目分析中，“应付账款”所应付的债权人、金额、用途、记账方法信贷员要进行了解。关注借款人的应付账款有无近日将到期的，借款人是否有足够的资金去偿还应付款。“其他应付款”主要是观察借款人是否能按时偿还债务。借款人有无多计或少计其他应付款，以达到调节成本和利润的目的。“长期应付款”项目主要是了解有无用本科目记录贷款事项。

报表盈利能力分析中，银行信贷员会通过对借款人主要产品近几年销售情况的了解，计算出客户的近几年来的销售增长率。用销售增长率与往年相比，企业销售（营业）收入的增加变动情况，预测企业今后的发展趋势。用营业（销售）利润率衡量企业营业（销售）的获利能力。用资产利润率说明企业全部资产的总体获利能力。用成本费用利润率从企业成本费用角度衡量其获利能力。用净资产利润率衡量企业利用自有资本及其积累获取利润的能力。同时，判断借款人的综合盈利能力。

信贷员通过测算流动比率、速动比率、资产负债率指标判断企业基本的偿债能力和合理的资金结构。

信贷员通过测算应收账款周转天数、存货周转天数、总资产周转率指标来对企业的资金周转状况做一个大体的判断。

部分商业银行的信贷员会更多关注企业现金流量指标。现金流量包括筹资、经营 、投资三种活动现金流量。由于小微企业不编制现金流量表，银行信贷人员需要根据企业提供的资料编制、区别分析企业现金流量，尤其注意分析经营活动现金净流量为负数时是囤积原材料还是产成品积压，是应收账款增加还是预付账款增加，是长期为负值还是销售淡季暂时为负值。目的是弄清资金缺口的真实成因，搜集到尽可能多、尽可能准确的信息，防止决策失误，造成信贷优质客户的流失，或信贷投放的风险。

十一、怎样估算和理解自营企业的资产负债及其盈利数据

借款人学会银行估算借款人资产负债数据和盈利数据的方法，对于是否能够顺利申请到小微企业贷款至关重要。举例来说，借款人王州，高中学历，和丈夫共同在某市朝阳区经营一家火锅店。该借款人在该市朝阳区某小区和东城区的五马道内分别购置拥有两套商品房，房贷已经还清；女儿在东城区一所重点中学读初中。小王打算申请 7 万元小微企业额度抵押贷款，期限 12 个月，目的就是租用一辆出租车，这样一方面可以照顾火锅店的生意，不需要再雇车进货，同时也可以中午回家给女儿做饭。小王夫妇的经营历史较长，一开始经营木材生意，后来转而经营快捷酒店。该快捷酒店在东城区，酒店服务包括会议、餐饮和住宿。当初除了租店，光装修就花费了 46 万元，但由于规模限制及经营问题，目前该酒店基本处于半停业状态，由于租赁合同还有 3 个月的期限，因此目前仍勉强维持经营。员工基本是包吃包住。主要员工有：后厨 6 个，每人每月工资 2 000 元；服务员 4 个，每人每月工资 1 000 元；吧台 1 个，每人每月工资 1 200 元；最后 3 个月的费用仍需 5 万多元，但经营进账收入几乎为零。夫妻打算 3 个月后彻底停业

了事。

王州名下拥有3处林权，价值大概20万元左右，借款人本身具备一定的经济实力，但由于酒店经营不善，其经济状况大不如前。借款人的丈夫张某以前曾在水利局工作，1995年办理了停薪留职，开始帮助妻子经营生意。现在打算复职，正在办理相关手续，若复职成功的话，工资恢复正常，可以贴补家用。借款人的火锅店自2012年10月份开业以来，生意一直非常红火，虽然是在城边，但比邻交通的主干道，人流量较大。

王州已经打听好，普通的租车需要缴纳3万元的押金，同时每月租金3 000元左右，一次付清一年的租金，即36 000元，共计66 000元，其余4 000元用于火锅店的生意周转。

银行信贷员在借款人小王的店里及家里对其经营情况和家庭情况进行了全面了解：借款人小王详细介绍了她和丈夫的经营历史。同时，银行信贷人员下午去了借款人小王在市区的住宅，房子很大，将近130平方米，装修也很时尚，到处可见一家三口的全家福。

1. 借款人初始投资分析。借款人火锅店于2012年10月开业，初始投资主要有，购买火锅底料配方5万元，房租1.3万元，与房东签订了5年的租赁协议，租金为一年一交。从借款人一次签订5年房屋租赁协议，也可以看出借款人打算长久经营，对生意前景充满信心。同时，借款人花费了5万多元进行了店面装修，从饭店环境可以看出借款人经营的是中高档餐饮，强调环境的舒适度和借款人体验感。购进设备花费6万多元，明细详见表12。羊肉、调料等食品类货物花费1万元左右，办理各类证件1 500元。相关数据整理成设备明细表如表

12 所示。

表 12　　借款人王州经营设备明细表　　单位：元

经营设备名称	数量	设备单价	设备总价值
空调（大）	1	6 000	6 000
空调（小）	2	1 800	3 600
桌子	9	1 000	9 000
椅子	48	120	5 760
冰柜	2	3 000	6 000
保鲜柜	2	1 500	3 000
消毒柜（小）	4	700	2 800
消毒柜（大）	1	1 800	1 800
电磁炉	10	460	4 600
煤气灶	1	400	400
隔扇架	1 组	4 000	4 000
切肉机	1	11 000	11 000
换气扇	1	500	500
引风机	1	2 000	2 000
暖壶	10	10	100
水壶（小）	10	25	250
水壶（大）	1	65	65
锅碗			2 000
估算合计	62 875		

2. 借款人现有存货分析。信贷人员通过对火锅店现有存货盘点计算后得出目前火锅店的存货价值，详见表 13 所示。由于餐饮业存货较少，每天都会进货并销售，因此存货明细表中的存货数量较少。

表 13 **借款人存货明细表** 单位：元

货物名称	数 量	购进单价	购进总价
燕京啤酒	10 件	18.00	180
雪花啤酒	30 瓶	2.10	63
乾御兴	11 件	28.00	308
银龙	5 瓶	9.60	48
宁城老窖	8 瓶	68.00	544
小迈篓	30 箱	60.00	1 800
老泥管	5 瓶	28.00	140
羊肉	25 卷	75.00	1 875
青菜			200
调料			4 500
烧饼	100 个	1	100
估算总价	9 758		

3. 借款人经营情况分析。借款人火锅店共 4 个大包间，每个包间平均能接待 10 人左右就餐；大厅可容纳 15 人就餐；据服务员介绍，平均每桌的消费为 200 元，人均消费 40 ~ 50 元，由于目前是淡季，上座率为 70% ~ 80%，一般不翻桌。营业额收入情况如表 14 所示。

表 14 **借款人王州营业额全年平均分布数据列表**

旺季（12 月、1 月、2 月）	淡季（6 月、7 月）	普通月份
1 800 ~ 2 000 元/天	1 000 元/天	1 500 元/天
6 万元/月	3 万元/月	4.5 万元/月

这样估算，一年的营业收入为：6 × 3 + 3 × 2 + 4.5 × 7 = 55.5（万元）。同时编制借款人资产负债表估算数据如表 15 所示。

表 15　借款人王州资产负债表估算数据　单位：元

资产	金 额	负债及所有者权益	金额
库存现金	23 912	短期借款	
银行存款		应付账款	
应收账款		流动负债	
存货	9 758	非流动负债	
固定资产	50 300	负债合计	
预付房租	13 000	所有者权益	96 970
资产总计	96 970	负债及权益总计	96 970

具体分析如下：资产负债表中库存现金 23 912 元，为借款人王州持有的流动资金。存货 9 758 元，主要是依据信贷员通过盘点制作的存货明细单资料作为依据。固定资产中设备 50 300 元，其中设备明细表中显示的设备总计为 62 875 元，在资产负债表中显示的设备是扣除折旧后的价格，考虑到设备都是新购进的全新设备，使用时间尚未超过一年，按 80% 的折旧率计算后，设备的净值为 50 300 元。预付房租 13 000 元是借款人的资产，列支在资产负债表中的资产项下。借款人王州目前没有负债，因而其权益等于总资产，同样为 96 970 元。

银行信贷员编制借款人利润表估算数据如表 16 所示。

表 16　借款人王州利润表估算数据　单位：元

项目	平均估算值
营业额	36 518
成本	15 338
毛利润	21 180
费用	8 380
店铺租金	1 092

续表

项目	平均估算值
库房租金	252
工资	4 283
运费	504
水费	605
电费	1 008
煤气费	302
取暖费	336
净利润	12 800
还房贷	1 763
家庭开支	1 511
月可支配收入	9 525

由于借款人每天都有详细的账本记录，月度营业额是通过核算加总每天账本记录确定的。通过详细的加权平均计算出借款人火锅店的成本率为 42%（详见交叉检验分析中的成本交叉检验过程），这样可以得出借款人每天营业额对应的成本以及毛利率。

费用主要包括房租、工人工资、运费、水电费及煤气费和取暖费，其中房租、运费、水电费、煤气费和取暖费都是将一年的总费用平均分摊到每个月，每个月都是固定支出，通过查看相应水电表及缴费单确定。共雇用了 5 个工人；其中吧台 1 人，每人每月工资为 1 250 元；服务员 2 人，每人每月工资为 750 元；后厨 2 人，每人每月工资为 750 元；合计每月工资支出为 4 250 元。

通过以上分析计算出火锅店的净利润，减去每月在市区住宅的按揭房贷以及家庭开支后，确定了借款人每月的可支配收入。借款人开业的第一个月为净亏损，主要是由于处于开业初期，生意较为冷淡造成的，随着客流量的增大，火锅店逐渐开始盈利。

4. 银行信贷人员对借款人王州所提供的经营数据还会进行技术性核实工作。又称作交叉检验。主要过程如下：

成本的交叉检验。借款人口述其火锅店的毛利为60%，通过成本核算过程确定了火锅店的成本为42%，与借款人口述基本一致，具体核算过程如表17所示。

表17　借款人王州成本核算数据交叉检验表　单位：元

大类名称	分类名称1	分类名称2	成本	售价	比例（%）	成本率（%）
锅底（2.5%）	鸳鸯锅		15	18	2.5%×100%	0.83
菜（70%）	荤菜（50%）	羊肉	15元/斤，损耗0.5元	13元/半斤	70%×50%×15%	0.59
成本率0.371	成本率0.554	肥牛	12.5元/斤，无损耗	18元/半斤	70%×50%×15%	0.35
	素菜（50%）	茼蒿	0.8元/斤，1斤1盘	5元/盘	70%×50%×80%	0.16
	成本率0.554	红薯	1.8元/斤，1斤1盘	6元/盘	70%×50%×20%	0.3
主食（10%）	烧饼		1个0.8元，1盘2个，油1元	6元/盘	10%×60%	0.43
0.329	小馒头		1元1袋，1袋1盘	6元/盘	10%×30%	0.17

续表

大类名称	分类名称1	分类名称2	成本	售价	比例（%）	成本率（%）
	面条		1.6元1袋，出2盘	4元/盘	10%×10%	0.2
酒水（15%）	啤酒（50%）	燕京	18元/件/12瓶	3元/瓶	15%×50%×65%	0.5
0.516	0.472	雪花	25元/件/12瓶	5元/瓶	15%×50%×35%	0.42
	白酒（50%）	盘龙	58元/件/6瓶	18元/瓶	15%×50%×50%	0.54
	0.56	乾御兴	28元/瓶	48元/瓶	15%×50%×50%	0.58
小料（2.5%）	自制芝麻酱		2元	2元	100%	1
加权平均总成本 = 2.5%×1 + 70%×0.371 + 10%×0.329 + 15%×0.516 + 2.5%×1 = 42%						

营业额的交叉检验。营业额估算数据如表18所示。开业至今销售额为318 400元，与借款人口述30万元销售额一致。

表18　借款人王州营业额数据交叉检验表

旺季（12月、1月、2月）	淡季（6月、7月）	普通月份
1 800～2 000元/天	1 000元/天	1 500元/天
6万元/月	3万元/月	4.5万元/月

据借款人详细的账本显示，与上面口述一致，利润表是取账本数据得出的。据借款人及服务员口述，淡季每天消毒餐具25～30套，取中间值27.5套，人均消费30～40元，取35元，则推出营业额为27.5×35＝963（元），与之前显示淡季营业

额相符；平均消费 200 元/桌，共 9 个桌，旺季上座率基本是 90% ~100%，不翻台，则旺季销售额为 200 ×9 ×0.9 =1 620（元），与表 18 显示旺季营业额相符；淡季上座率基本为 60% 左右，不翻台，则淡季销售额为 200 ×9 ×60% =1 080（元），与表 18 显示淡季营业额基本一致。

借款人王州权益金额的交叉检验如表 19 所示。

表 19　　借款人王州权益交叉检验分析表　　单位：元

交叉检验项目	估算金额及其实际金额
初始投资（2008 年 11 月）	配方 50 000 房租 13 000 库房 3 000 装修 50 000 设备 62 875 存货 9 759 办证 1 500 总计 190 134
期间收入	+72 868
期间开支	-凯莱酒店赔 50 000 -折旧 12 575 -装修 50 000 -配方 50 000 -办证 1 500
期末权益合计	98 927
实际权益（资产负债表）	96 970
权益交叉检验的误差	(98 927 -96 970)/ 96 970 =2%，权益误差在 1% ~5% 为可接受范围

借款人余某经营一服装超市多年，配偶为市内一家国有企

业职工，每月工资 2 500 元。有一个女儿在读大学每年学费支出需 9 000 元。余某因服装换季急需资金进货，2018 年 1 月 8 日到北京商贸银行某网点申请 8 万元小额抵押贷款，贷款期限为 1 年。保证人为当地某大型企事业单位职工，每月工资 4 500元，并提供了收入证明。经信贷人员调查核实愿意为借款人余某提供担保，并清楚其担保责任义务。银行信贷员对借款人的现场调查主要会有以下内容：借款人有两张信用卡，无不良还款记录；保证人有两张准贷记卡，无不良还款记录，无借款及担保记录，属于正常类。借款人及其配偶除了现居住的一套住房外，还共有一套市区住房，目前市场价值 186 万元。

2018 年 1 月 10 日信贷人员调查借款人经营情况如下：(1) 余某有雇员三人，每月每人工资 2 000 元；每年年初支付租金 60 000 元；每月平均运输费 3 000 元；水电费 1 000 元，通讯费 500 元；招待费 2 000 元；缴纳税款 1 500 元；其他经营性支出 1 000 元。(2) 每月家庭生活开支 2 500 元。(3) 调查时见到借款人有前日的营业现金 3 560 元，银行存折余额 68 000元。(4) 余某每年 5 至 8 月为销售淡季，4、9 月较为平均，其他月份生意较好做。(5) 余某的电脑财务系统显示现有高中低档服装存货 1 536 件，金额合计 206 000 元；经营性设备 50 000 元；余某有一辆用来运货的微型车，现值30 000 元。银行信贷员 2018 年 1 月 10 日调查借款人经营服装的进销价格如表 20 所示。

表 20　　借款人余某所经营服装进销价格调查表　　单位：元/件

	高档服装	中档服装	低档服装
平均进货价	159	108	56
平均销货价	225	165	76

信贷人员调查月份进货信息如表 21 所示。

表 21　借款人余某进货信息调查表　单位：元

服装类型	7 月	8 月	9 月	10 月	11 月
高档服装	30 000	35 000	35 000	60 000	65 000
中档服装	25 000	20 000	30 000	40 000	50 000
低档服装	20 000	20 000	20 000	30 000	40 000
合计	75 000	75 000	85 000	130 000	155 000

信贷人员调查销货信息如表 22 所示。

表 22　借款人余某销货信息调查表　单位：元

服装类型	6	7	8	9	10	11	12
高档服装	33 280	34 240	34 880	48 600	63 840	65 520	67 800
中档服装	29 120	29 960	30 520	42 525	55 860	57 330	59 325
低档服装	20 800	21 400	21 800	30 375	39 900	40 950	42 375
合计	83 200	85 600	87 200	121 500	159 600	163 800	169 500

借款人余某与亲戚有 18 000 元的未还债务，主要是装修住房形成，现在平均每月还 1 500 元；运输工具未提供行车辆行驶证；营业执照的有效期为 2017 年 5 月 24 日至 2021 年 5 月 23 日。编制借款人资产负债表数据资料如表 23 所示。

表 23　借款人余某资产负债表估算数据　单位：元

资　产	金额	负债与所有者权益	金额
库存现金	3 560	私人借款	18 000
银行存款	68 000	银行借款	
应收账款			
预付款项			
存货	206 000		
流动资产合计	277 560	负债总计	18 000

续表

资　产	金额	负债与所有者权益	金额
设备	20 000		
交通工具	30 000		
非流动资产合计	50 000	所有者权益	309 560
资产总计	327 560	负债和所有者权益总计	327 560

根据销货信息统计计算得出高中低档服装销售占比分别为40%、35%、25%，所以毛利率计算表如表24所示。

表24　　借款人余某毛利率估算数据表　　单位：元

商品名称	价格		毛利率	收入比重	加权毛利率	加价率
	进货价格	销售价格				
高档服装	159	225	29.33%	40%	11.73%	41.51%
中档服装	108	165	34.55%	35%	12.09%	52.78%
低档服装	56	76	26.32%	25%	6.58%	35.71%
合　计				100%	30.40%	

根据所调查财务信息完成的利润表估算数据如表25。

表25　　借款人余某经营利润表估算数据　　单位：元

项　目		旺　季	淡　季	平　季	平均值
销售收入		164 300	85 333.33	121 500	130 844.44
变动成本		114 352.8	59 392	84 564	91 067.73
毛利润		49 947.2	25 941.33	36 936	39 776.71
固定费用	租金	5 000	5 000	5 000	5 000
	工资	6 000	6 000	6 000	6 000
	水电费	1 000	1 000	1 000	1 000
	交通/运输费	3 000	3 000	3 000	3 000
	通讯费	500	500	500	500
	税金	1 500	1500	1 500	1 500
	固定费用合计	17 000	17 000	17 000	17 000

续表

项　目	旺 季	淡 季	平 季	平均值
净利润	32 947. 2	8 941. 33	19 936	22 776. 71
家庭收入	2 500	2 500	2 500	2 500
家庭开支	2 500	2 500	2 500	2 500
偿还私人借款	1 500	1 500	1 500	1 500
每月净收入	26 447. 2	2 441. 33	13 436	16 276. 71

十二、目前商业银行接受哪些财产办理贷款抵押，拒绝哪些财产办理贷款抵押

近几年来，农村部分生产大户在继续从事传统种养业生产的同时，加大了对品种、规模、结构的调配，新的生产模式不断涌现，个别地区已经有了产业化、模式化的农牧业生产经营模式，有效的提升了农村地区的效益。由于新格局的产生，使得农村地区在生产过程中对于畜牧、养殖、农产品加工等农户生产性资金需求较为明显。资金需求量大、使用周期长、资金需求点多已然成为当前农村地区融资需求的新特点。另外随着外部融资发展生产的意识不断增强，信贷需求程度的不断提升，原有的信用和保证贷款已无法满足农户农牧业生产经营的需要，农户对于抵押贷款融资的需求日益增强。但是不管是在农村还是城镇，如果小微企业或者农户申请的贷款属于抵押贷款产品，则放贷银行对于抵押品的选择就非常重要了。贷款抵押品的选择实际上反映了商业银行对贷款安全性的更多顾虑问题。目前各家商业银行由于经营背景、服务领域和经营区域的不同，因而对抵押品的选择会有着非常明显的不同。但对于医院、学校、国家机关、部队带有公益性质和非营利性质的财

产、国有山林和水库、发生法律纠纷或者产权关系不明的财产，所有商业银行都规定不能作为抵押品。国内商业银行在具体解释抵押品处理的问题时，会有着诸多的不同，借款人需要进行认真咨询后再进行贷款资料提交。

工商银行抵押贷款管理暂行办法规定下列财产可作为抵押贷款的抵押物：有价值和使用价值的固定资产；有价证券；能够封存的流动资产。同时规定下列财产不能作为抵押物：归国家所有的土地、矿藏等自然资源；集体福利设施；所有权有争议的财产；不能强制执行或处理的财产；依法被查封、扣押或采取诉讼保全措施的财产。借款方必须对抵押物拥有财产处理权。同时规定：以共有财产作抵押物的，要取得共有人的同意证明，并以借款方所有的份额为限。在抵押期内，对易受灾害侵害的抵押物，借款方应办理财产保险，并将保险单交银行保管，如发生灾害损失，银行可以从保险赔偿金中收回抵押贷款。抵押物的公证、保险、鉴定、登记、运输及保管等费用由借款方负担。抵押物的抵押率，根据物品在抵押期内的折旧、价格变化及处理费用等情况确定，一般不得超过抵押物现值的70%。抵押贷款可贷额的确定以抵押物现值为基数，按双方约定的抵押率计算。动产抵押物属于体积小、价值大的贵重金属及有价证券一般由银行保管；因保管支付的费用、由借款人负担。其余的动产、不动产抵押物由银企双方封存，原则上由借款方保管。借款方对由自己保管的抵押物，必须妥善保管，在抵押期内负有维修、保养、保证完好无损的责任，并随时接受银行的检查。银行对由自己保管的抵押物，要妥善保管，不准动用，如因银行过错造成抵押物的损坏、丢失，由银行承担责任。以有价证券作抵押物的，在抵押期内，有价证券到期兑现，由借款方与银行共同负责办理，并偿还贷款。抵押物在抵押期内，借款方未经银行同意，不得将抵押物拆迁、出租、出售、转让、馈赠或再抵押。

建设银行目前接受下列财产的抵押：抵押人所有的房屋和其他地上定着物；抵押人所有的机器、交通运输工具和其他财产；抵押人依法有权处分的国有土地使用权、房屋和其他地上定着物；抵押人依法有权处分的国有机器、交通运输工具和其他财产；抵押人依法承包并经发包方同意抵押的荒山、荒沟、荒丘、荒滩等荒地的土地使用权。其中，已经依法取得的国有土地上的房屋抵押的，该房屋占用范围内的国有土地使用权同时抵押。以出让方式取得的国有土地使用权抵押的，应当将抵押时该国有土地上的房屋同时抵押。乡（镇）、村企业的土地使用权不得单独抵押。以乡（镇）、村企业的厂房等建筑物抵押的，其占用范围内的土地使用权同时抵押。建设银行不得接受下列财产的抵押：土地所有权；耕地、宅基地、自留地、自留山等集体所有的土地使用权；学校、幼儿园、医院等以公益为目的事业单位、社会团体的教育设施、医疗卫生设施和其他社会公益设施；所有权、使用权不明或有争议的财产；依法被查封、扣押、监管的财产。建设银行不得接受抵押人就已设定抵押的价值部分再作抵押的抵押物。抵押人有其他债权人的，建设银行不得接受抵押人以其全部财产提供的抵押。借款人向建设银行申请贷款时，应事先将抵押人及抵押物的下列资料或证明文件送交建设银行审查：抵押人的营业执照副本及年检登记手续；抵押人的法定代表人或其授权代理人的证明文件。抵押物权属证明及相关文件；以共有财产为抵押物的，应有抵押人对该财产占有份额的证明及其他共有人同意以该财产设定抵押的证明；抵押物属有限责任公司、股份有限公司、合营合作企业或承包经营企业所有的，应有该公司（企业）董事会或发包人审议批准的文件。

抵押物的基本资料包括：抵押物的名称、数量、质量、状况、所在地，同一抵押物已向其他债权人设定抵押的情况证明，抵押物登记机关就该抵押物登记情况的证明，抵押物保险单证。建设银行根据借款人的资信程度、贷款期限、贷款风险、抵押物折旧、抵押物的适用性及价格变动等因素确定不同的抵押率并据此与抵押人签订《抵押合同》。建设银行发放抵押贷款抵押率不得超过70%。

农业发展银行贷款抵押品范围规定下列财产可以抵押：抵押人以合法形式取得、并依法有权处分的国有土地使用权；抵押人合法取得的房屋所有权；抵押人依法有权处分的机器设备、交通工具。而以下财产不能作为贷款抵押物：土地所有权；耕地、宅基地、自留地、自留山等集体所有的土地使用权；国家机关和学校、幼儿园、医院等以公益为目的的事业单位、社会团体的教育设施、医疗卫生设施和其他社会公益设施；所有权、使用权不明或有争议的财产，已被抵押的财产；依法被查封、扣押、监管的财产；法定程序确定的违法、违章建筑物；未经其他共有人同意的共同共有财产。其中，以依法取得的国有土地上的房屋作抵押的，该房屋占用范围内的国有土地使用权同时抵押。以出让方式取得的国有土地使用权抵押的，应当将抵押时该国有土地上的房屋同时抵押。

借款人向贷款人申请贷款时，应同时提供抵押人的下列资料或证明文件：抵押物权属证明及相关文件。以共有财产为抵押物的，应有抵押人对该财产占有份额的证明及其他共有人同意以该财产设定抵押的证明；抵押物属有限责任公司、股份有限公司、合营合作企业或承包经营企业所有的，应由该公司（企业）董事会或发包人审议批准的文件。

抵押物基本资料包括：抵押物的名称、数量、质量、状况、所在地，同一抵押物已向贷款人其他债权或其他债权人设定抵押的情况证明，抵押物登记机关就该抵押物登记情况的证明。农业发展银行应当根据借款人的资信程度、贷款期限、贷款风险、抵押物折旧、抵押物的变现程度等因素确定抵押率。抵押率一般不得超过 80%。对国有土地使用权，属于划拨土地的，按照剔除国有土地出让金后评估值的 70% ~75% 进行抵押；属于出让土地的，按照评估值的 70% 进行抵押；对房地产和机器设备，一般按照抵押评估值的 70% ~80% 进行抵押。

农业发展银行规定，对符合抵押条件的贷款，应与借款人和抵押人按规定签订《借款合同》和《抵押合同》；贷款采取抵押方式的，其抵押物必须办理登记手续。以下抵押物的登记部门是：以土地上定着物的土地使用权抵押的，为核发土地使用权证书的土地管理部门；以城市房地产或乡、村企业的厂房等其他建筑物抵押的，为县级以上地方政府规定的部门；以林木抵押的，为县级以上林木主管部门；以车辆、船舶等抵押的，为运输工具的登记部门；以企业生产设备抵押的，为财产所在地工商行政管理部门；抵押人以国有资产抵押的，需经有权部门出具书面同意书。

农业发展银行认为抵押物存在风险较大，应要求抵押人就抵押物办理保险，在保险合同中应明确农业发展银行为该保险标的的第一受益人。抵押人不办理保险的，农业发展银行有权不接受抵押和不发放贷款。抵押权设定后，能够证明抵押物权属的有关证明文件及抵押物的保险单证等均由农业发展银行代为保管，农业发展银行承担保管责任。抵押期间，抵押人未经农业发展银行同意，抵押人不得转让、出租和处分抵押物。抵押人经农业发展银行同意以双方协商的价款转让抵押物的，转让抵押物所得的价款应当优先用于向农业发展银行提前清偿其所担保的债权；转让价款超过担保债权数额的部分除外。抵押期间，抵押物因灭失、毁损或被征用所得赔偿金（包括保险赔偿金和损害赔偿金），农业发展银行有权优先受偿。抵押物灭失后，所得赔偿金数额不足清偿的部分，农业发展银行有权向借款人另行追偿不足部分或及时要求其提供新的担保。抵押物因抵押人过错灭失、毁损的，农业发展银行有权就其造成的损失要求抵押人赔偿或提供新的抵押物。

抵押期间，抵押人有下列情况之一的，农业发展银行应当及时要求借款人提前履行还款义务或请求人民法院保护农业发展银行的抵押权：抵押人未经农业发展银行同意擅自处分抵押物的；抵押人的行为可能使抵押物价值减少，农业发展银行要求抵押人停止其行为或提供与减少的价值相当数额的担保，抵押人拒绝履行的；抵押人转让抵押物的价款明显低于其价值，农业发展银行要求抵押人提供相应的担保，抵押人不提供的；抵押人就其转让抵押物所得的价款没有向农业发展银行提前清偿其所担保的债权的。

抵押期间，出现以下情形之一的，农业发展银行有权依法处分抵押物优先受偿：抵押担保借款合同履行期满，借款人未按期偿还贷款本息，又未同农业发展银行签订贷款展期协议或申请展期未经批准的；借款人合并、分立或采取其他形式改变企业产权组织形式和经营方式，债务继承者拒绝偿还贷款本息的；借款人及保证人被宣告依法撤销、破产、关停或其他原因不能继续经营的；借款人在履行《借款合同》期间违反合同约定义务的。

农业发展银行对借款人发放贷款可采用最高额抵押担保方式。最高额抵押是指抵押人与农业发展银行协议，在最高债权额限度内，以抵押物对一定期间内连续发生的债权作担保（即借款人的抵押借款余额不得超过最高借款额）。

中信银行目前向小微企业提供个人经营抵押贷款的标准抵押物范围只限于住宅（含配套车库）和商用房，暂不接受土地、厂房、在建工程抵押。具体要求是符合中信银行相关管理要求的住宅（含配套车库）、写字楼、商住两用房、商铺，应为借款人、借款人用款经营实体或第三方合法取得，可公开交易，具有独立产权证并可办理抵押登记。同时要求房产结构完好、地理位置优越、配套设施齐全，且不在拆迁范围内的房屋。

标准抵押物所在地仅限分行辖内分支机构所在区域。对于同时有借款人自有及非自有的房地产作抵押的，原则上应按“先自有后非自有”的顺序，优先安排自有房产进行抵押。抵押物必须产权明晰，可依法上市交易，可以办理抵押登记，抵押房产在贷款期限内不属于政府拆迁范围，没有产权争议等不利于变现的情况。抵押物为住宅的（不要求抵押土地），不属于抵押人和共有人生活必需的唯一居所，不属于经济适用房等保障性住房。对于以第三方住宅抵押的，原则上应以股东自有及借款人/股东直系亲属的住宅抵押；如抵押物不足，在贷款第一还款来源充足、不存在贷款挪用的情况下，允许适度补充非股东及非借款人自有/非股东直系亲属关系的第三方住宅抵押，但要求补充的抵押人人数不超过2人，补充价值适度。

若抵押物属住宅配套车库的，抵押的车库必须是自有、与抵押住宅同一小区的配套车库，抵押数量不超过3套（含）。若抵押物属商用房的（含写字楼、商铺和商业网点），其闲置不超过6个月的商用房，应以主城区、主干道为主，周边楼盘或本楼盘价格稳定，租金价格稳定上升，商业网点在地段的选择上，应选择商业氛围浓，周边市政设施配套齐全，公共交通便利的商业区或大型住宅小区的配套商铺。在具体位置的选择上，应以临街、底层的门面房为优先选择对象，对于住宅小区内部的底商应谨慎。商铺要求产权独立清晰、易转让、有独立物理分区且可办理经营权质押，且位于管理规范、交易量大、租售率高且发展前景良好的商贸市场内，不接受偏远郊区、管理不善且商铺租售率不高的商铺抵押。可以单独办理房屋抵押登记放款。

借款人提出土地抵押要求的。其土地位置在市区范围的，可以不提供土地使用权证；除市区外其他行政区必须提供土地使用权证。具备土地使用权证的土地性质可以为出让、租赁和划拨（土地性质不能为集体土地）。对不能提供商用房的土地使用权证，并无法取得土地管理部门出具土地性质（出让、租赁和划拨）证明的，需由客户经理与支行主管行长共同到土地管理部门查询，查询后，填制土地查询证明书，并由支行客户经理、支行主管行长双签。对于土地价值影响抵押物变现风险的独立大型综合体商用房必须提供土地使用权证，且要求办理土地抵押。土地事项查询（不分行政区域，包含所有商用房均要求查询）。要求在不超过放款日前7个工作日内，支行客户经理双人/主管行长去土地局查询房产抵押物座落的土地是否有抵押和查封/是否为集体土地等情况，查询后，填制土地查询证明书，由支行客户经理双人/支行主管行长签字。

中信银行要求进行抵押的房产没有产权争议和纠纷，房产结构完好，地理位置优越，配套设施齐全，变现能力较强；抵押房产在贷款期限内不属于政府拆迁范围。抵押人必须将抵押物价值全额用于贷款抵押担保。对于未出租的房产，应先取得抵押人出具的《抵押人未出租声明》；对于已出租的房产，抵押人应提供能证明租赁事实在先的租赁合同等文件，同时由承租人提供符合中信银行要求的《承租人声明》。以第三方所有的房产及土地使用权设定抵押，第三方所有权人应出具同意抵押的书面证明文件。不接受房地产公司及其关联方作为第三方，以其名下房产及土地使用权作为抵押物。抵押物属于抵押人与他人共有的，须提供共有权人同意抵押的合法有效的书面文件。不接受所有权人中有未成年人的房产作抵押物。抵押必须符合《公司法》和《担保法》中关于公司对外担保的法律规定，并提供由股东大会或股东会出具的同意财产担保的决议。

以下不动产不得抵押给中信银行借款：法律规定不得抵押的；所有权、使用权不明或者有争议的；违法、违章建筑；依法被查封、扣押、监管的；列入城市房屋拆迁范围的；学校、幼儿园、医院等以公益为目的的事业单位、社会团体的教育设施、医疗卫生设施和其他社会公益设施；闲置超过 6 个月的商业用房；抵押物的抵押人或抵押共有人为未成年人的；位于分行辖区之外的。

标准抵押物价值认定应由借款人委托中信银行认可的、持有政府有关部门颁发的评估许可证的评估机构进行评估。抵押物价值评估的有效期不超过 1 年。对办理 1 年以上抵押期限的授信业务，在授信有效期内，对抵押物应每年至少进行 1 次外部或内部价值再评估。内部价值再评估由经办机构主办客户经理与负责人、小企业金融部、信贷管理部、风险管理部逐级确认再评估价值，并填制中信银行沈阳分行抵押物内部再评估审批表。

中信银行指定评估机构应按中信银行相关要求出具抵押物评估或者预评报告，并符合《中信银行房地产押品价值审核操作指引》相关规定，除按评估行业规范内容出具评估报告外，需进一步规范以下事项：报告中应明确评估方法、抵押物建成年限及现使用状态（自用、出租、闲置/闲置期限等）、抵押物土地性质—出让/租赁/划拨/集体（有土地证提供/无土地证注明及原因）。报告中有变现能力及未来风险分析提示。报告附件应有抵押物彩色照片/打印件（含楼牌号、室内与室外全景、商用房周边街道全景）、附抵押房产的房证、契证和取得的土地使用权证（如有）等资料。评估机构应提供抵押物评估价格依据。对评估方法为市场法的要求提供市场询价依据，通过网上询价的需评估机构提供房产交易网站查询结果的可比实例截图（例如“58 同城网”／“搜房网”／“沈阳房产网”／“芒果网”等网站），要求至少提供 2 家网站同类房产网上查询价格的实例截图；通过中介询价的需评估机构提供询价中介名称及电话。原则上评估机构出具的评估价格应本着“谨慎性原则”，不应高于当前同类房产网上查询中间价格。评估方法为收益法的，应提供测算依据及租凭合同等相关证明资料。

住宅标准抵押率原则上不超过抵押物评估价值的70%，最高不超过80%（由信审根据实际情况确定执行/140平方米以上住宅不适用），对于以高档住宅（房价高于当地平均住宅价格三倍以上）、高档公寓、别墅作抵押的，抵押率对照以上标准下调10%。车库标准抵押率不超过抵押物评估价值的50%（车库评估单价最高不应超过1万元/平方米，且每套车库最高评估价值封顶35万元）。商用房（商铺、写字楼、商住两用房）标准抵押率原则上不超过抵押物评估价值的60%，最高不超过70%（由信审根据实际情况确定执行）。标准抵押物房龄原则上不超过20年（按竣工年限计算）。1年以内的个人经营贷款均可按不超过5年期限办理最高额抵押，相关业务手续按分行放款统一规定执行。同时要求每期授信在放款日前不超过7个工作日内，支行双人去房产局查询抵押房屋是否被查封，查询后，填制土地查询证明书，支行经办客户经理和协办双人签字，作为放款手续。

邮储银行对小微企业提供贷款抵押品的范围规定可接受下列财产作为抵押：建筑物和其他土地附着物（以享受国家优惠政策购买的房屋抵押的，其抵押额以抵押人可处分和收益的份额为限；有经营期限的法人、其他组织以其有权处分的房屋抵押的，抵押期限不得超过其经营期限；以具有土地使用年限的房屋抵押的，抵押期限不得超过建设用地使用权出让合同规定的使用年限减去已使用年限后的剩余年限）；正在建造中的建筑物、船舶、航空器；生产设备、原材料、半成品、成品；建设用地使用权；交通运输工具；商品林中的森林、林木和林地使用权；海域使用权；矿业权，包括探矿权和采矿权。邮储银行不接受下列财产抵押：国家机关的财产；土地所有权及其他依法禁止流通或转让的自然资源或财产；耕地、宅基地、自留地、自留山等集体所有的建设用地使用权，但抵押人以招标、拍卖、公开协商等方式取得的土地承包经营权和乡镇、村企业的建设用地使用权除外；学校、幼儿园、医院等以公益为目的的事业单位、社会团体的教育设施、医疗卫生设施和其他社会公益设施，但从事经营活动的非公益事业单位、社会团体除外；所有权、使用权不明或有争议的财产；经法定程序确认为违法、违章的建筑物；依法被查封、扣押、监管或采取其他强制性措施的财产；租用或代管、代销的财产；已出租的公有住宅房屋和未定租赁期限的出租住宅房屋；已依法公告在国家建设征用拆迁范围内的房地产；列为文物保护的古建筑、有重要纪念意义的建筑物；已经折旧完或在贷款期内将折旧完的固定资产，淘汰、老化、破损的机器、设备以及专用机器、设备；其中，专用机器、设备是指专用性强、流通性差，难以通过市场交易及时变现的机器、设备；已存在预告登记的不动产；邮储银行分支机构的财产。

优先选择现房、以出让方式取得的国有建设用地使用权及其他价值相对稳定、变现能力较强、可设定第一顺位抵押权的抵押财产；谨慎选择专业性较强，不易变现的机器设备及其他财产。可以接受企业以浮动抵押方式办理贷款，即接受企业以其现有以及将有的原材料、半成品、产品抵押。接受浮动抵押的，我行应审慎判断抵押物数量、价值变动情况和业务风险，从严掌握。依法取得的国有土地上的房屋抵押的，原则上应将该房屋占用范围内的国有建设用地使用权同时抵押。以出让方式取得的国有建设用地使用权抵押的，原则上应将该国有土地上的房屋同时抵押。以划拨方式取得的国有建设用地使用权不得单独抵押（政府储备土地可以设定抵押权）。以划拨土地上的房屋及其他建筑物抵押的，原则上应将其占用范围内的建设用地使用权同时抵押，并在核定抵押率时充分考虑应缴纳的建设用地使用权出让金因素。乡镇、村企业的建设用地使用权不得单独抵押。以乡镇、村企业的厂房等建筑物抵押的，应将其占用范围内的建设用地使用权同时抵押。以在建工程抵押的，应将在建工程占用范围内的建设用地使用权，连同在建工程的投入资产同时抵押，并在核定抵押率时充分考虑建设工程承包人的工程价款因素。如果已经办理的在建工程抵押价值不足，还应就建设过程中逐渐直至最终形成的财产及其占用范围内的建设用地使用权办理后续抵押。

抵押物的价值应覆盖抵押物所担保的贷款债权。不接受已经设置抵押的抵押物重复抵押，但可接受以该抵押物的担保额度大于已担保债权的余额部分再次抵押。但对于已抵押的房产，在其担保的个人住房贷款全部归还前，不得以该房产再次作为抵押物追加或发放新的贷款。不接受已经向人民法院提交破产申请书或已经进入破产程序的法人、其他组织对原来没有财产担保的债务提供抵押担保。

邮储银行会要求借款人提交抵押品权属证明材料。房产（含占用范围内的建设用地使用权）的抵押率原则上不得超过70%，而对于小微企业贷款客户，可考虑在信用评级的基础上做适当调整；建设用地使用权的抵押率不得超过70%（如以划拨方式取得，抵押物价值应扣除土地出让金），但对于小微企业贷款客户，可考虑在信用评级的基础上做适当调整；在建工程的抵押率不得超过60%；航空器、船舶的抵押率不得超过60%；森林、林木和林地使用权、海域使用权、矿业权的抵押率不得超过60%；车辆等交通运输工具的抵押率不得超过60%；个人汽车消费贷款和经营性车辆按揭贷款中以车辆、工程机械抵押的，抵押率不得超过70%；浮动抵押的抵押率不得超过50%，且应从严掌握；机器、设备及其他动产的抵押率不得超过50%，且应从严掌握。对采用组合担保方式的，经总行同意，可适当突破上述抵押率要求。

需要强调的是，目前，农村集体经济及其农户提供土地使用权或者房产抵押贷款难的主要原因有以下几个方面：

1. 法律法规影响抵押效力。对于农村集体建设用地使用权，根据《土地管理法》及其相关法律法规的规定，乡镇企业土地使用权，在法定情形下可以抵押，但乡镇企业土地的使用权不得转让、出让或者出租于非农业建设，同时允许乡镇企业在被兼并、破产、分离、分立等情形下土地使用权发生转移；对于农民依法获得的宅基地，在《物权法》和《担保法》中规定：耕地，宅基地，自留地，自留山等集体土地使用权不得抵押。对于农民房屋，尽管法律对农民房屋没有规定可否用于抵押，但现行实践中确立的土地使用权与房屋所有权一体化的原则，受宅基地禁止抵押的限制，也存在抵押障碍。而对于农村土地承包经营权，《农村土地承包经营权流转管理办法》也只对通过招标、拍卖和公开协商等方式承包荒山、荒沟、荒丘、荒滩等农村土地，经依法登记取得农村土地承包经营权证的，可以采取转让、出租、入股、抵押或者其他方式流转，即抵押仅限于荒山、荒沟、荒丘、荒滩。抵押融资难以全面开展。

2. 评估及处置变现存在困难。在开展农村抵押贷款业务过程中最大的顾虑，是一旦出现违约情况后，对于抵押物无法处置和变现，抵押权人不能有效实现抵押权严重制约了抵押业务在农村地区的开展。特别是在实现农房抵押权过程中，由于农村地区房屋建设缺乏统一的可操作标准，建房材料以及成本质量存在较大差异，并且考虑到农村房屋所处的位路、离城市远近等，都会影响农房本身的价值，抵押物价值难以评估。若一旦发生违约，金融机构将难以通过拍卖、变卖等途径进行抵押物快速处置。

3. 证件不全难以实现抵押。由于没有正规的手续，在取得相应的土地使用权或者其他财产时，农村地区不能像城区一样取得合法有效的证件。集体土地使用权证是目前农村房屋仅具有的证件。虽然通过集体土地使用权证，能够完全证明对所占有宅基地享有使用权，但仍无法对所有权提供有效的证明。因而导致该类产权不能用于交易、过户，使农户仅具不完全所有权，进而易导致无效抵押的出现。

十三、“普惠快车”模式下小微企业贷款不需任何抵押品

如果小微企业贷款不需要任何财产抵押，只看信用好不好，你肯定还有些不相信。但现实中所谓“天上掉馅饼”的事竟然真实发生了。在多年的小微企业贷款创新模式探索中，浙江省内诸多农商银行推出的“普惠快车”模式还真是赚足了农村小微企业高速融资的“眼球”。“普惠快车”是面向对私小额贷款客户，整合客户信息采集、客户综合评价和信贷业务审批等业务流程，实现“一站式”办理的新兴业务模式。有贷款需求的客户，如果已经在农商银行建档了，顺利的话，不用半小时就能拿到全部贷款，非常方便。据农商银行工作人员介绍，单户贷款余额在 30 万元（含）以下的对私小额贷款，可根据普惠金融客户信息表录入的客户信息，通过“普惠快车”模式发起客户综合评价，“一站式”得出信用等级、授信额度、利率定价等三个结果供参考，之后客户经理可联动发起贷款业务申请操作。而该业务之所以能做到客户随到随贷，主要是得益于开展了多年的“走千访万”活动。客户经理会同村级联络员，对辖内农户采用扫村、扫街、扫楼等形式进行实地调查，全面收集农户信息，包括农户的指纹、头像等

信息，再将这些信息录入或上传至“普惠快车”系统，形成完整的普惠金融客户信息档案。“普惠快车”系统大大提高了办贷效率，满足了小额贷款客户“短、频、快”的信贷需求。2015 年该业务在浙江金华东阳农商银行吴宁支行和横店支行试点两个月，发放贷款资金竟有 800 多万元。

龙游县詹家镇的张先生站在自己经营的废品收购站前与邻居谈笑风生兴奋不已。浙江省衢州龙游农信联社为农户送贷上门的做法让张先生感觉在信用社贷款真方便，而过去贷款还要托熟人、找关系。现在不但不用找门路，信用社还送贷上门，解了燃眉之急，真是服务到家了。龙游农信联社各分支机构结合“普惠百村行 — 相约零距离”主题活动，利用 3G 移动终端，集中人员、时间、地点，进村入户进行信息采集和授信。2015 年，该联社已采集客户信息 80 145 户，完成头像采集 25 726户，完成指纹采集 26 842 户，发放贷款客户 16 353 户，发放贷款 18.92 亿元。种粮大户李忠意来到苍南农商银行办理了一笔 10 万元的信用贷款，而最令李某开心的是办贷款速度比以前快得多，不到 10 分钟贷款就办好，李忠意只剩盼着今年好收成！和李忠意一块在办理业务的几个农户也表示，近来到苍南农商银行办贷款一个明显感觉就是越来越快。“普惠快车”通过整合相关信贷、征信系统到同个页面，把原 11 步办贷流程缩短为 3 步，大大精简了 30 万元以下客户的贷款流程，实现了“一站式”服务。

为实现让贷款像存款一样方便，衢江农信联社依托普惠快车和 3G 移动终端，在全辖推行整村授信工作。农信联社工作人员上门用移动终端采集信息，联社根据综合驻村干部、村两委及村民代表的审查建议，确定农户的授信额度，现场发放丰收爱心卡或丰收小额贷款卡。签订贷款协议后，农户在三年之内，都可以凭身份证和丰收卡到农信联社柜台，通过普惠快车系统直接办理授信额度内的贷款，不用再签合同，也不用找客户经理，随用随贷，非常便捷。浙江宁波宁海农商行在轴承五金微企集聚的宁海县大佳何镇率先试点“抱团授信”融资新模式，充分发挥轴承五金行业协会“融资红娘”的中介作用，实行组团授信，直接解决 27 家小微企业 2 600 余万元的融资难题。大佳何镇 41 家小微企业成立轴承五金行业协会，宁海农商银行借助协会组织，在对协会会员充分核查的基础上进行组团增信，并统一授信、分批放贷。这种贷款具有利率低、手续简单、随借随还等优点。宁海农商行还针对小微企业贷款直接提出了“优化信贷流程提升办贷效率、优化帮扶机制提升对接力度、优化惠企措施提升让利幅度、优化信贷产品提升帮扶针对性”的“四优四提升”工作举措积极打造小微企业普惠“直通车”，全面完善小微企业帮扶机制，有效化解小微企业融资难题。宁海农商行对贷款手续进行精简，努力提升办贷服务效率，精简后工作效率提升了 20% 以上；该行同时把办公地点前移至企业车间，主动下基层了解小微企业生产经营状况和需求情况，对小微企业实行“一站式、一条龙”上门服务，有效提升了小微企业客户的满意度。信息不对称曾是制约金融资源与小微企业需求有效对接的主要原因。宁海农商行主动与政府、企业对接，联合政府相关职能部门、商圈、协会、商会开展银企营销推介会，搭建和小微企业客户之间联系、合作的桥梁，并达成信贷金融服务意向，拓展服务目标群体。宁海农商行还积极贯彻实施向小微企业让利政策，整体担保贷款利率下浮 5%，抵押贷款利率下浮 3%，切实降低小微企业融资成本，助推小微企业稳步发展。目前已累计让利 2 000 余万元，有效减轻了小微企业财务负担。

客户信用信息是放贷银行必须掌握的资料。农商银行“普惠快车”业务系统深度整合客户信息采集、客户综合评价和信贷业务审批等独立的业务流程，对小额贷款客户信贷操作流程进行优化，能够一次性得出客户的信用等级、授信限额、利率定价三个结果。随着“普惠快车”对自建系统主要业务功能的整合，过去一线客户经理在多套系统中频繁切换、重复录入的问题迎刃而解。系统在满足业务需求的基础上，节省了在自建系统中所投入的大量管理成本。禾城农商银行通过客户经理上门采集信息，尽可能减少客户办贷时所需提供的各类资料，一般情况下小额贷款客户只需要提供身份证、户口本等基本资料即可办理贷款。目前，通过“普惠快车”模式，对 30 万元以下的小额农贷客户，可不要求对评级、授信和定价的结果进行审批，客户经理在维护完信息和确认客户评价结果后可直接发起用信。龙游县农信联社对私小额贷款客户的“普惠快车”产品，单户贷款余额不超过 30 万元（含），根据普惠金融客户信息表录入客户信息，通过“普惠快车”模式发起客户综合评价，“一站式”得出信用等级、授信额度、利率定价三个结果供参考，而后客户经理可联动发起贷款业务申请操作。县农商银行积极精简办贷流程，客户办贷只需跑一趟银行，即可获得贷款，真正实现客户办贷“最多跑一趟”。龙游县农信联社通过“网格化管理”，组织客户经理对辖区内的客户开展提前调查、提前评级、提前授信、提前通知，提前服务。使用“网上银行”“手机银行”两种工具进行自助循环放款与还款。依托“一个”系统，整合文本，推行授信无纸化审批，将小额贷款权限下放至客户经理，实现信息采集一张纸、流程整合一键式、综合服务一站式、客户办贷一次性，大大缩短办贷的时间。

农商银行对于农村小微企业贷款的授信采取了“整村授信”的做法。具体来讲，“整村授信”是以一个行政村为单位，提前对符合条件的村民给予一定贷款额度的承诺，授信后，村民有贷款需求时，可凭授信意向书到银行办理不超出整村信用额度的贷款。温岭农村商业银行实际操作贷款时对辖内行政村进行上门拜访，掌握记录村民基本情况。同时在行政村选出对本村情况比较了解，公信力较好的代表，进行背靠背授信评议后，确定每户村民授信额度，一次性进村驻点办理整体放贷手续。温岭农村商业银行新河支行将“移动柜台”搬进温岭，20 多位柜员、客户经理分工协作，从开卡到签订授信合同，只需要 15 分钟。农户最快 1 天内就可拿到现款。推广整村授信，只要符合条件的农户，都能得到信用贷款。在 3 年时间内，只要农户想贷款，随时都可以通过手机银行等获得贷款，利率优惠，随借随还。

信用采集是“整村授信”的基础。农商银行制定“整村授信”多年计划，以“整村授信”普惠宣传为载体，以走村入户、服务下沉的方式倾听村民的建议，建立信用档案，根据诚信度确定预授信，强化农村居民的诚信意识，切实解决其融资难问题。抵押贷款和质押贷款对于大多数没有合法有效抵押物的村民来说，无形中会抬高了他们贷款的门槛，而“整村授信”把贷款调查提前，简化流程，提高了办贷效率，实现随到随贷。通过挨家挨户走访调查以及公议小组侧面打听，对农户的收入、负债情况、金融需求等作了全面的了解，从而确定出每个行政村贷款授信额度。泰隆银行北仑支行于2015年6月开始探索“整村授信”，并在新碶、大碶、霞浦、春晓等街道走访、调研和测评，同时授信贷款额度。该行根据行政村评级和个人综合资产信用评级，新授信的信用村都是从三星起步，随着该村农户贷款需求量的增加，在每年的审核中会相对应地提高星级。泰隆银行赋予授信农户贷款优先的权利，按信用村、信用户的等级下浮1至3档的利率优惠。2017年开始，浙江玉环农商银行针对农户资金需求“小额、分散、快捷”的特点，全面推行整村授信工作，全力解决农户授信额度不高、小额贷款不足的问题，让更多农户享受到普惠金融的便捷。具体做法是：第一，利用工作日晚上、周末或节假日等非工作日时间深入村居社区开展整村授信工作，严格按照普惠金融信息采集要求，做到逐家逐户、全面、真实有效。同时，通过组织召开现场推进会和现场办理，借助移动平板技术，流程上实现了客户评级、授信、利率定价的“一站式”操作，方便客户随到随贷、随贷随取。第二，依托社区网格，对市场网格、居委会网格、特色社区、小镇、行业网格内的已有或者潜在客户，通过分析客户净资产、净收入以及信用状况进行统一“网格批量授信”。第三，支行建立整村授信客户营销台账，对已授信发卡的客户做好分层分类维护。对已用信的客户进行一定频率的贷后检查，稳控不良贷款的发生。对未用信的客户，利用短信、微信、电话等形式做好主动营销，尤其是对其中经济条件好、有资金需求的优质客户，作为重点对象进行跟踪拓展服务。此外，建立多维度考核机制，将客户投诉、客户信息准确率、授信客户签约率等内容纳入考核，严格要求员工在整村授信工作中的态度和积极性，提升每位客户的服务满意度。“原来贷款这么方便，不用抵押，不用担保，拿着这张卡就可以了，而且利息还便宜。”东阳市画水镇西山村村民王永剑拿着授信卡到东阳农商银行画溪分理处办理贷款业务，仅用两个小时就办妥了20万元的个人贷款。2017年开始，东阳农商银行全面铺开“整村授信”模式，符合条件的农户无须抵押和担保，只要本人信誉好，都能获得相应授信额度。同时，该行还实现了小额信用贷款网上放款、手机放款和自助终端放款。

十四、积攒良好的信用记录

征信记录了企业和个人过去的信用行为，而这些行为将影响到企业与个人未来的经济活动。这些行为体现在企业与个人信用报告中，就是人们常说的“信用记录”。而与之相关的征信服务则是由专业化的、独立的第三方机构为个人或企业建立信用档案，依法采集、客观记录其信用信息，并依法对外提供信用信息服务的一种活动，为专业化的授信机构提供了一个信用信息共享的平台。征信服务按业务模式可分为企业征信服务和个人征信服务两类，企业征信服务主要是收集企业信用信息、生产企业信用产品；个人征信服务主要是收集个人信用信息、生产个人信用产品。目前，中国人民银行征信中心负责企业和个人信誉状况调查和信用报告提供工作。

征信能够从制度上约束企业和个人行为，有利于形成良好的社会信用环境。企业征信内容主要有：当前债务信息；企业已还债务信息；对外担保信息；不良和违约类账务；欠税记录；民事判决记录；强制执行记录；行政处罚记录；社会保险参保缴费记录；住房公积金缴费记录；获得许可记录；获得认证记录；获得资质记录；拥有专利记录；获得奖励记录；出入境检验检疫绿色通道记录；进出口商品免检记录；进出口商品检验分类监管记录；公用事业缴费记录。个人征信内容主要有：资产处置信息；保证人代偿信息；信用卡信息；欠税记录；民事判决记录；强制执行记录；电信欠费信息。

小微企业是国内中小银行的目标市场，小微企业急、频、短、小的资金需求与中小商业银行的客户定位高度契合。目前国内商业银行对小微企业的信用度考察主要集中在四个方面：一是信贷信用。主要是指结算信用和借款信用。结算信用指申请借款企业在现金结算情况正常，未发生过违反结算纪律、退票、票据无法兑现和罚款等不良纪录。二是商业信用。包括申请借款企业在合同履约，应付账款债务的清偿上能恪守商家的诺言，不失信。三是财务信用。主要指会计结算规范，财务报表真实可信，资产实在，无抽离现金或其他弄虚作假作为。四是纳税信用。主要指企业能按时上缴应纳税款，无偷、漏税等不良记录。以上是银行对借款企业信用度考察的四方面原则。

对于小微企业而言，要想成功融资，必须弥补信用记录缺乏的问题。只有知根知底，银行机构才有可能提供授信。信用是企业最重要的资本。小微企业的经营者一定要时时重视诚信的市场价值，安分守己，避免在未来需要贷款时遇到麻烦。"好借好还，再借不难"是绝对有道理的。

企业信用档案中的每条信息对企业的销售、合作、招聘、投标、信贷等商务活动起着能否成功的关键作用，影响着企业的发展。

1. 信用档案是企业的信用身份证，是企业整体信用的动态展现，客户为了安全，必然关注交易对方的信用状况。档案优良，可给企业带来无限商机，帮企业决胜于无形；档案不良，客户在不觉间流失。信用档案就像一只无形的"手"，时刻以特殊方式影响着企业的发展。

2. 信用档案中的信息均为《政府信息公开条例》、国务院《征信业管理条例》的规定可以采集的合法信息，不涉及企业的商业秘密；宪法规定任何单位和公民都有发布评价的权力，并对真实性负法律责任。

3. 在商务谈判中，档案不良，临近签约的客户也会流失。人们在签约前都已习惯查询对方的信用状况。如果档案不良，会导致客户对企业负面扩大的联想，本能性放弃合作。档案优良，使合作更加顺利。良好信誉，使商务谈判顺利，考察时间缩短，降低成本，提高签约率，提升客户忠诚度。

4. 发展新客户方面，档案不良，未曾谋面就被淘汰。现在的客户在合作、购买前，并不是直接去厂家、商店，而是先上网搜查“商品名称”，圈定数个卖家，进行功能、价格比对，最后查看信用档案以决定与哪家合作。任何客户都会选择信用状况良好的企业，信用不良的企业在不觉间被淘汰。互联网时代，有这种交易习惯的群体已相当普遍。档案优良帮助企业获得信任，吸引更多新客户慕名而至。提升诚信形象，增强信用核心竞争力。

资质和荣誉，是小微企业最有价值的无形资产，是在发展过程中承担社会责任的重要见证。把资质、荣誉记录到信用档案，可汇聚信用力量，提升诚信形象，赢得更多社会信任。小微企业规模小，实力弱，要想做大、做强，一定要有坚定的决心和长远规划，借助信用档案将现有的资质、许可和荣誉展示出来，提升信用分值，积累信用财富，奠立信任基础，让有限的无形资产得以彰显，以赢得客户信任和商机。很多国家早已建有社会信用体系，格外重视信用。外商对中国商家的信用一直高度关注，他们通过“谷歌”搜索国内企业的信用状况，每天都有大量的境外 IP 访问征信系统。外贸企业按照国际惯例完善信用档案，能够进一步提升信用形象，夯实信用基础，获得更多国外商家的订单；同时，因为信用档案不良而被莫名终止合作的商家已不在少数。

据统计，单纯的广告效应，成交率普遍较低。完善信用档案，让“知道”变为“信任”，才可以降低交易成本、提高成交率，使广告发挥出更大的效益，达到事半功倍之效。

作为企业的经营者，首先是应对自身的信用记录进行关注。企业信用报告的应用范围日趋广泛，已经成为了企业的“经济身份证”，与企业经营活动直接相关。企业应对自身信用记录进行关注，适时到人民银行查询自身信用报告。其次是遵纪守法、信守约定、按时还贷。通过信息共享，政府部门监管信息、借贷还贷信息都已经归集到人民银行征信系统中，企业违法违纪、拖欠贷款将导致信用状况的不良，因此企业应养成合法经营、主动、按时偿还债务的习惯，以此保持良好信用状记录，维护企业信用形象。再次是要积极采取措施修复不良记录。有时，虽然企业并不希望出现失信的结果，但如果因为某些意外情况，产生了不良信用记录，则要积极采取措施进行补救。企业应通过主动偿还拖欠的债务，使拖欠债务这一严重失信记录转变为逾期偿债信息，使失信行为的程度予以减轻，使信用记录得到适当的修复。最后是企业应积极参与信用评级，加强信用风险管理。信用评级机构运用独立、客观的分析方法，对受评企业素质、经营能力、获利能力、履约情况和发展前景等方面进行全面了解、调研分析，对债务人的偿债能力和偿债意愿做出客观、公正的综合评价，并以简单明了的符号表示信用等级。较高的信用等级将成为企业优良信用形象的标志，将成为企业巨大的“无形资产”，且在评级过程中，评级机构也会客观揭示企业信用风险，提出信用风险管理改进措施。

2006年1月份，人民银行个人信用信息基础数据库正式运行。个人信用信息基础数据库是我国社会信用体系的重要基础设施，是在国务院领导下，由中国人民银行组织各商业银行建立的个人信用信息共享平台。该数据库采集、整理、保存个人信用信息，为金融机构提供个人信用状况查询服务，为货币政策和金融监管提供有关信息服务。人民银行建立个人信用信息基础数据库的目的是帮助商业银行提高风险管理能力和信贷管理效率，防范信用风险，促进个人消费信贷健康发展，为金融监管和货币政策提供服务。同时，帮助个人积累信誉财富、方便个人借款。

个人信用信息基础数据库收集所有在商业银行贷款及持有信用卡的自然人的信息。2005年7月份开通全国所有商业银行和部分农村信用社的联网查询。目前，如果没有银行借款也不持有信用卡的个人希望被纳入该数据库，比较方便的办法之一是到银行申请一张信用卡。目前，个人信用信息基础数据库收集的个人信息主要包括三类，一是身份识别信息，包括姓名、身份证号码、家庭住址、工作单位等；二是贷款信息，包括贷款发放银行、贷款额、贷款期限、还款方式、实际还款记录等；三是信用卡信息，包括发卡银行、授信额度、还款记录。数据库还将采集个人支付电话、水、电、燃气等公用事业费用的信息，以及法院民事判决、欠税等公共信息。

信用代码如同“信用身份证”。信用查询、公示和奖惩机制实现全国联动，这告诉我们，信用记录将成为社会“通行证”，而且是“全国一证通”。讲信用大路畅通，不讲信用寸步难行，这将成为现实。在一些信用体系完备的国家，个人信用记录与人终生相随。信用记录有了污点，从贷款到求职，就会处处碰壁。有了这样一种“一处失信，处处受制约”的机制，谁还敢不重视信用？信用犹如财富，需要积累。信用是现代社会的“通行证”——社会要你出示“通行证”了，你拿得出来吗？现代经济是一种信用经济，各个经济主体在社会活动中都离不开信用，借、贷，购、销等经济交往均与信用密切相关。信用评级是对各类市场参与主体履行相应经济契约的能力及其可信程度进行的一种综合分析和测定，对促进企业持续健康发展具有十分重要的意义。

信用评级有助于企业赢得更多的市场机会。企业在经营活动中通常会面对签订购销合同、参加招投标、申请资质、参加项目评审等机会，如果拥有一份良好的信用登记报告，就能取得对方的信任，从而赢得商机。由中介机构对企业进行资信评估，能客观、公正地提供企业的信用信息，有利于增进企业之间相互信任、相互合作。毫无疑问，那些拥有良好信用等级的企业，能吸引有关方面放心地与之合作，从而使业务伙伴越来越多，发展空间越来越广阔。

信用评级拓宽了企业的融资渠道。从间接融资来看，企业向商业银行申请贷款，需要经过信用评级，尤其是那些达到一定贷款规模的重点大户，必须经过第三方专业评级机构进行信用评估，才能获得金融机构的贷款支持。从直接融资来看，信用等级是债券定价的重要参考依据，企业在发行债务性融资工具之前，也需接受专业评级机构的信用评级，良好的信用有利于降低发债企业的融资成本。另外，随着利率市场化改革的稳步推进，企业的信用等级将与其申请贷款的利率水平密切相关。因此，良好的信用等级不仅有助于企业获得融资支持，还能在一定程度上降低其筹资成本。

信用评级有助于企业提升经营管理水平。信用评级对参评企业的经营能力、获利能力、偿债能力、履约情况、发展前景，以及企业内部控制、信用风险状况等方面进行综合分析和评价，能使企业进一步明确自身优势和发展方向，有助于企业在生产经营管理中不断完善自我，制定科学的发展规划，从而得到全面、快速、健康的发展。另外，信用评级不仅有助于企业增强信用意识，进一步规范经营行为，还有利于企业通过信用品牌展示积累无形资产，进一步增强自身的竞争力。

十五、贷款合同中的保证人是怎么回事

商业银行向小微企业发放贷款通常会有保证人的相关要求，即通常所说的保证担保。它是指保证人（即借款人之外的第三人）与贷款人约定，当借款人不能按约定偿还贷款本息时，保证人按照约定清偿贷款本息或承担责任的贷款担保方式。保证担保为连带责任保证，即借款人在借款合同规定的债务履行期届满但没有履行债务的，贷款人可以要求借款人履行债务，也可以要求保证人在其保证范围内承担保证责任。从目前国内主要商业银行对保证人的条件、责任和义务的规定来看，有着比较普遍的认同和认知。

农业发展银行规定保证人必须是符合《担保法》规定的具有代为清偿贷款本息能力的企业法人或其他组织。保证人为企业法人的，应同时具备以下条件：信誉程度高，达到或相当于贷款人认可的 AA 级企业信用等级标准；经营状况良好，资产负债率不高于 80%；保证人依法享有所有权和处分权的财产易变现、能保值，担保总额不超过其净资产总额（剔除保证人已经担保的资产额度）的两倍。同时规定下列组织不能作为贷款保证人：各级国家机关（经国务院批准的除外）；学校、幼儿园、医院等以公益为目的的事业单位、社会团体；企业法人的分支机构（有法人书面授权的，可在授权范围内提供保证）、职能部门。

农业发展银行同时规定，具有代为清偿债务能力的法人、公民或者依法登记领取营业执照不具有法人资格的独资企业、合伙企业、联营企业、中外合作经营企业、乡镇（街道、村办）企业以及从事经营活动的社会团体可以作为保证人。

工商银行贷款担保管理办法对保证人条件的规定是：信誉良好，在已有贷款中，无半年以上逾期贷款，或因客观原因造成半年以上逾期但已落实了还款计划；资产负债结构合理，资产负债率不高于70%，经营状况良好；累计担保总额不超过其资产总额；保证人财产属本人所有，易变现，能保值；其他经济组织作为贷款保证人，应有合法、可支配的财产和稳定的收入来源。工商银行规定下列主体不能成为保证人：国家机关（经国务院批准为使用外国政府或者国际经济组织贷款进行转贷的除外）；以公益为目的的事业单位、社会团体，包括学校、幼儿园、医院等；企业法人的职能部门和无企业法人书面授权的分支机构；除上述三类主体不得作为保证人外，不具备法人资格和偿债能力的主管部门和行政性公司也不得作为保证人。

建设银行规定只接受保证人提供的连带责任保证，不接受保证人提供的一般保证。同时要求为建设银行提供贷款担保的保证人必须是企业法人、公司法人或者其他经济组织。保证人必须同时符合下列条件：具有代为清偿债务能力、达到或者相当于建设银行企业信用等级评定管理暂行办法规定的AA级以上企业信用；经国家工商行政管理机关（或其主管机关）核准登记并办理年检手续；无重大的债权债务纠纷。建设银行规定下列单位或组织不得作为建设银行发放保证贷款的保证人：国家机关，但经国务院批准为使外国政府或者国际经济组织贷款进行转贷的除外；学校、幼儿园、医院等以公益为目的的事业单位、社会团体；无企业法人的书面授权或者超出企业法人书面授权范围提供保证的企业法人的分支机构；企业法人的职能部门；建设银行的分支机构及其全资附属单位。

借款人向建设银行申请贷款时，应同时提供保证人的下列资料或证明文件：法人营业执照副本及年检登记文件；法定代表人或其授权代理人的证明文件；财政部门或会计事务所核准的前两年的财务报告（企业成立不足两年的，提供与其成立年限相当的财务报告）；已经为其他债权人提供担保的资料、证明或未提供担保的承诺性文件；借款人就该项保证与保证人达成的合同或协议；保证人为有限责任公司、股份有限公司、合作合营企业的，还应提供该公司（企业）董事会成员同意保证的承诺文件。

对符合担保条件的保证人，建设银行应与借款人和保证人按规定签订借款合同和保证合同。保证合同必须明确约定保证期间，保证期间自主合同约定的借款人履行债务期限届满之日起两年。同一借款可以有两个以上保证人，对保证人约定保证份额的，保证人分别在其保证份额内承担保证责任。保证人没有约定保证份额的，各保证人均承担保证连带责任。

保证期间，借款人或建设银行要求变更借款合同的，应当事先取得保证人的书面同意。保证期间，保证人因改变企业产权组织形式和经营方式，被宣告撤销、破产、关停或因其他原因不能履行保证责任时，建设银行应及时要求借款人提供新的保证人，借款人不更换或拒绝提供的，建设银行应当提前收回贷款本息。保证期间，借款人破产的，建设银行必须及时通知保证人，根据债务人和保证人的实际偿债能力，视情况可向人民法院申报债权，也可直接要求保证人提前承担保证责任。向人民法院申报债权的，在破产程序中未能得到清偿的部分，必须在借款人破产终结后六个月内，要求保证人清偿。保证期间，借款人和保证人违反借款合同或保证合同约定义务的，建设银行按照约定依法要求保证人提前承担连带责任。借款合同履行期届满前，建设银行要按规定及时向借款人和保证人发送贷款到期通知书。借款人不能按期归还贷款本息而要求展期的，须取得保证人书面同意并在贷款展期协议上签章确认。不具备展期条件的或保证人不同意在展期内继续承担保证责任的，建设银行可以要求借款人履行其义务，也可以要求保证人承担连带责任。保证人不履行连带责任的，贷款人应依法向法院起诉。

借款人向放贷银行申请贷款时，应将符合规定条件的保证人的下列资料或者证明文件送交放贷银行审查：法人营业执照副本及年检登记文件；法定代表人或其授权代理人的证明文件；经会计师事务所核准的前三年的财务报表（企业成立不足三年的，提供与其成立年限相当的财务报表；已经为其他债权人提供担保的资料、证明或未提供担保的承诺性文件；借款人就该项保证与保证人达成的合同或协议。保证人是有限责任公司、股份有限公司、合营合作企业的，还应提供该公司或企业董事会成员同意保证的承诺文件。

保证合同具备下列主要条款：保证人、贷款银行的名称；被担保的贷款金额、期限及保证担保的范围；保证方式；保证期间；违约责任；保证人、贷款银行的签字和印章。商业银行与保证人签订保证合同的日期不得迟于借款合同的签订日期。保证合同自签订之日起生效。对同一项目的分期贷款，建设银行可以与保证人就单个借款合同分别签订保证合同，也可以在最高贷款额限度内就一定期间与借款人连续发生的借款合同订立一个保证合同。同一借款合同有两个以上保证人的，建设银行应当与保证人分别订立保证合同。

同一借款合同需要既设定保证又设定抵押（质押）的，保证人只对抵押（质押）担保范围以外的贷款额承担保证责任，建设银行应当与保证人和抵押（出质）人分别签订保证合同和抵押（质押）合同，并分别明确约定保证担保的范围和抵押（质押）担保的范围。

保证期间，借款人要求变更借款合同的，应当事先取得保证人的书面同意，保证人同意变更借款合同的书面意见，是借款人与建设银行协议变更借款合同的前提条件和保证合同的必要附件；未取得保证人书面同意的，建设银行不得同意与借款人变更借款合同的任何条款或内容。

保证期间，保证人因转变企业体制或经营方式需要变更保证责任的，建设银行应及时要求借款人提供新的保证人，并按照本办法的规定，对新提供的保证人予以审查，审查同意的，应及时变更保证合同。保证期间，保证人被人民法院依法宣告破产的，建设银行根据实际情况，可以按照《破产法》的规定，在债权申报期间向人民法院申报债权，参加破产财产分配，分配后不足清偿的部分，仍有权向借款人求偿；也可以在保证人被宣告破产或可能被宣告破产时，及时要求借款人提供新的担保。

保证期间，保证人违反保证合同约定义务的，建设银行应依法及时追究保证人的责任。发生下列情况之一的，建设银行可以根据保证合同的约定，要求保证人提前承担连带责任：借款合同履行期间，借款人明显违反借款合同约定的义务的；借款合同履行期间，借款人被人民法院依法宣告破产的。借款合同履行期届满，借款人没有履行或者没有完全履行借款合同约定义务的，建设银行可以要求借款人履行其义务，也可以要求保证人承担保证责任。建设银行必须在保证合同约定的保证期间内要求保证人承担保证责任。

邮储银行规定可接受具有代为清偿债务能力和意愿的法人、其他组织或自然人作为保证人。同时规定了不得接受下列单位、组织或情形的保证担保：国家机关，但经国务院批准为使用外国政府或国际经济组织贷款进行转贷的除外；学校、幼儿园、医院等以公益为目的的事业单位、社会团体，但从事经营活动的事业单位、社会团体除外；企业法人的分支机构，但有企业法人的书面授权，且不超出该书面授权范围的除外；企业法人的职能部门；邮储银行分支机构、所属公司，总行另有规定的除外；没有获得经营外汇担保业务许可的金融机构为外汇借款人提供外汇担保；其他法律法规及规范性文件规定不得作为保证人的主体。法人、其他组织为保证人的，应同时符合以下基本条件：依法经工商行政管理机关（或其他主管机关）核准登记并办理年检手续，境外机构除外；独立核算，自负盈亏，有健全的管理机构和财务制度，有享有所有权或依法处分权的独立财产；信用等级符合总行相关管理制度或产品制度规定；具有代为清偿债务能力和意愿；无逃废银行债务等不良信用记录；企业信用信息基础数据库（企业征信系统）中无不良记录；无重大经济纠纷。若担保人为专业担保机构的，除符合上述基本条件外，还应在邮储银行设立保证金专户，实行专项储存、专户管理。

以保证保险作担保的，除应符合《保险法》的有关规定外，还须同时符合下列条件：该保证保险产品已经保险监督管理机构批准或报备；保险责任条款的约定原则上应与借款合同中借款人的义务一致，至少应与借款人按照借款合同的约定清偿借款本息等主要义务一致；保险金额一般应包括贷款本金、利息、相关费用、违约金和损害赔偿金，至少应包括全部贷款本息；保险期限应不短于借款合同履行期限；保险人对约定的保险责任承担无条件赔偿责任；邮储银行对保险赔偿金享有第一位的全额请求权；投保人应全额投保保证保险并缴清全部保费。投保人未按借款合同约定履行偿付借款本息的义务，保险人按照保证保险条款的约定向邮储银行承担赔偿责任。

自然人为保证人的，应同时符合下列条件：拥有中华人民共和国国籍；具有完全民事行为能力；有固定的住所；有合法收入来源和充足的代偿能力；符合我行个人征信信息准入条件。邮储银行原则上不接受下列人员的保证担保：担任法定代表人、董事或高级管理人员所在公司在其任职期间有过破产、逃废银行债务等行为的；有赌博、吸毒等不良行为或犯罪记录的；邮储银行认为不适宜提供保证担保的其他人员。

邮储银行公司授信业务目前暂不接受单一的自然人保证担保方式，但可以接受已经以其他担保方式提供足额担保，又附加自然人保证担保的方式。

法人和其他组织为保证人的，应提交下列材料：营业执照（或事业单位登记表，属于金融、建筑、食品、医药等需要批准方能经营的特殊行业的，须同时提交政府主管部门颁发的经营许可证）及最近年度的年检证明；法定代表人（负责人）身份证明及签字样本或印鉴；法定代表人授权委托书、委托代理人身份证明及签字样本或印鉴；章程；贷款卡及最近年度的年审证明；当期及经依法成立的中介机构审计的近三年（成立不足三年的，至少为近一年）的财务报告及近期的财务报表（均包括报表附注）；预留印鉴卡。

有限责任公司、股份有限公司为保证人的，还应提交下列材料：公司董事会或股东会、股东大会依公司章程作出的同意提供该保证担保的决议原件；公司董事会或股东会、股东大会依公司章程做成的签约人授权委托书及签字样本或印鉴。

上市公司、上市公司的控股子公司为保证人的，还应提交下列材料（金融类上市公司除外）：

公司董事会或股东大会依公司章程作出的同意提供该保证担保的决议原件、刊登该保证担保事项信息的指定报刊等资料；存在以下情形之一的，应当提交股东大会同意提供该保证担保的决议原件：上市公司及其控股子公司的对外担保总额超过最近一期经审计净资产 50% 以后提供的任何担保；为资产负债率超过 70% 的担保对象提供的担保；单笔担保额超过最近一期经审计净资产 10% 的担保；对其关联方提供的担保。

专业担保机构为保证人的，还应提交下列材料：依法成立的中介机构出具的实收资本验资报告或有关实收资本来源的证明文件；担保责任余额清单；有权决策机构同意提供该担保的书面文件。

自然人为保证人的，应提交下列材料：保证人及配偶（若有）的有效身份证件（居民身份证或其他有效居留证件）；

保证人的居住证明（如房产证明或近三个月房租、水、电费收据）；

保证人财产及收入状况证明（合法、有效的财产所有权证明）；单位财务或劳动人事部门出具的收入证明、个人所得税纳税证明；保证人及配偶（若有）同意提供担保的书面文件；

以保证保险为担保的，应提交下列材料：保险监督管理机构同意保险人经营保证保险产品的批文；投保人已全额投保保证保险并缴清全部保费的证明文件；保险条款；保证保险单。

十六、话说股权质押贷款

股权质押贷款中的股权，指在工商行政管理部门登记注册的有限责任公司、股东人数在规定人数以下的非上市股份有限公司的股权。借款人以股权质押向商业银行申请贷款的，该股权须是出质人合法持有，并已经工商行政管理部门依法登记。股权质押贷款是指借款人以其自身或第三人合法持有的股权为质物，并按规定办妥登记手续后，由商业银行向借款人发放的用于解决借款人生产经营过程中正常资金需要的贷款。股权质押贷款对象主要是从事生产经营活动的小型企业和个体经营户。借款人必须具备以下基本条件：经工商行政管理部门核准登记，并办理年检手续；持有合法有效的营业执照，所属行业或产业符合国家政策，发展前景良好；企业和经营者个人信誉良好，无不良信用记录，在贷款行所在地有固定生产经营场所，企业信用等级为AA级（含）以上；产权清晰，经营稳定，能按期还本付息，具有一定的发展潜力和市场竞争能力；必须在放贷银行开立结算账户；企业必须持有中国人民银行核发的正常有效的贷款卡；出质人必须拥有相对控股权，或为质押股权所在公司主要股东。通常放贷银行还会对质押股权所在公司提出以下基本贷款条件：注册资本、资产总额、年销售额、经营年限、年净资产收益率、资产负债率符合放贷银行规定标准以上；经营正常稳定，状况优良；对外担保额与借款合同贷款额之和不得超过所有者权益；属于银行经营属地的企业；借款人对所质押的股权合法持有，拥有完全的所有权与处分权，并经工商行政管理部门依法登记；股权可以流通，企业章程等内部规章、法律文件对股权质押、转让未做出限制或禁止性规定；未设立质押或质押已解除。放贷银行对以下股权不会办理质押贷款：以被人民法院依法登记冻结的股权出质的；以已办理出质登记的股权再次出质的；以有限责任公司未经过公司登记机关登记的股权出质的；以股权出质给本公司的。

符合股权质押贷款条件的借款人申请贷款，需提供以下资料：股权质押贷款申请书；借款人营业执照（含年检证明）、企业代码证、公司章程、财务报表；上年度纳税申报表；法定代表人和主要股东个人身份证明，董事会成员、法定代表人和财务负责人名单和签字样本；出质人、质押股权所在公司的主体资格证明，包括营业执照（含年检证明）、公司章程、财务报表、同意提供股权质押的股东会决议、出质人身份证明和签字样本等；）持股证明书，该持股证明书不得为借款人公司所发行的；经工商部门办理出质设立登记后的股权凭证。

出质人（借款人）和质权人（放贷银行）在签订股权质押合同后，应在约定的时限内及时到工商行政管理部门办理股权出质登记。申请股权出质登记，应向工商行政管理部门提交以下材料：借款申请人签字或盖章的股权出质设立登记申请书；出质人持股证明；股权质押合同；出质人、质权人的主体资格证明。放贷银行会在办妥股权出质登记，取得工商行政管理部门出具的股权出质设立登记通知书后，向借款人发放贷款。

如质押股权所在公司出现以下情况，放贷银行会要求借款人增加新的担保方式，否则会停止发放贷款或提前收回贷款本息，并采取相关保全措施：净资产小于该公司对外担保额与借款合同贷款额之和的；该公司净资产小于实收资本；资产负债率和净资产收益率超过和小于规定标准；在合同有效期内，因经营管理不善、发生重大亏损、与第三方发生债务纠纷或诉讼，或者解散、注销、吊销、停业；提供虚假的或隐瞒重要事实的财务报表；被税务机关查处或者发生其他税务风险的；主要经营者逃逸、被羁押的。

在众多的股权质押品种中，许多商业银行设置了专门针对小企业所持银行股权的股权质押贷款。其中农商银行的股权质押贷款已经有比较规范的文件和操作要求。农商银行目前接受的银行股权包括：工商银行、中国银行、建设银行、农业银行、交通银行、中信银行、招商银行、光大银行、民生银行、浦发银行、华夏银行、兴业银行、平安银行、广发银行、浙商银行、恒丰银行、渤海银行及其农村商业银行的股权。

农商银行对用于提供担保的银行股权应满足以下基本条件：依法发行，出质人依法取得并持有；发行股权的银行章程、内部规章、法律文件未对股权的质押、担保、转让做出限制或禁止性规定；出质人应对其股权拥有完全的所有权与处分权。用于提供担保的股权应当是未设立质押、质押已解除或未向他人提供担保。

借款人应该具备以下条件：依法经工商行政管理机关或主管机关核准登记；生产经营合法、合规、正常，具有持续经营能力，资产具有充足的流动性，且具备还本付息能力；借款用途合法、合规，严禁用于股本权益性投资。借款人承诺配合本行的贷款支付管理、能够提供真实的贷款支付和流转情况。

银行股权质押贷款期限应根据借款人的贷款用途、生产经营周期、还款能力等因素综合确定，原则上流动资金贷款期限最长不得超过一年，固定资产贷款期限最长不得超过二年。银行股权质押贷款利率水平及计算、结息方式按中国人民银行利率管理规定及本行规定执行，利率确定原则上须上浮。贷款额度根据借款申请人合理的资金需求、生产经营情况、资产负债状况、收入情况、自有资金投入情况等因素综合确定，最高不超过所提供质押股权评估价值的50%（或按照每股净资产计算的股权价值的90%）。

借款人到农商银行申请质押贷款，应提供以下资料：质押股权的权利证明文件；出质人有权机构出具的同意质押的相关材料；股权发行人（行）对拟出质股权的意见；经农村商业银行认可的评估公司出具的质押物价值的评估报告；质押股权为国有股东持有的，出质人应当取得相应国有资产管理部门出具同意质押的相关材料；质押物清单。

若质押股权价值下降导致质押率不足时，农商银行会立即通知借款人和出质人，要求其追加质物、保证金或其他风险规避措施，及时补足因股权价值下降造成的质押价值缺口。否则，在农商银行向借款人发出通知的第7个工作日，可能会强行终止借款合同，或处置质押物，所得款项用于还本付息及其他相关费用，余款清退给借款人，不足部分由借款人清偿；质物在质押期间所产生的孳息（包括送股、分红、派息等）随质物一起质押。质物在质押期间发生配股时，出质人须购买并随质物一起质押；明确出质人下列事项的及时通知义务：减资、合并、分立、解散及申请破产；股权变更。

对于质押登记问题，农商银行规定：质押登记前，须对借款合同、质押合同办理强制执行公证，办理质押登记手续须农商银行两名经办人员与出质人一同到当地工商部门办理。严禁委托中介机构、出质人独自办理质押物登记手续；质押合同签订后，经办分支机构应将质押原始凭证提交相关管理部门进行放款审核；办理股票质押业务中所发生的相关费用由借款人承担。

农商银行对质押物的处置方式有：按合同约定，委托证券交易公司直接出售质押股票；或者通过公告或质押双方主动寻找买方，将质押物转让给第三方。质押期间，发生下列情形之一的，农商银行同样会及时处置质押物：质押股权价值下降导致质押率不符合农商银行要求时，借款人未按要求追加质物、保证金或其他风险规避手段，及时补足因股权价值下降造成的质押价值缺口时；出质人被宣告破产、关闭、解散及其他危及本行债权的情况；借款人不按期足额偿还本行贷款本息。处分质押物变现的价款超过所担保的主债权及利息、违约金、损害赔偿金、质押物保管费以及质押权实现等相关费用，超过部分退还借款人；价款低于所担保的债权及其有关费用和处分费用的，不足部分由借款人清偿。

十七、应收账款质押贷款

很多小微企业都有过这样的经历：为了获得大额订单，企业不得不接受采购商的付款条件，导致货款长期拖欠，自身流动资金需求量增大，有时甚至影响企业的正常运转。但不少企业已经尝到了甜头：向金融机构申请应收账款质押贷款，手续简便、放款迅速，应收账款质押贷款正成为中小企业融资的一条新渠道。随着中国人民银行征信中心应收账款融资服务平台的上线，企业可通过平台发布贷款需求，而更多金融机构可通过线上寻找目标客户。

应收账款质押贷款是指借款人以其拥有最终处置权，并经付款人确认应收账款的收款权利作为质押发放的贷款。其中的应收账款是指权利人因提供一定的货物、服务或设施而获得的要求义务人付款的权利，包括现有的和未来的金钱债权及其产生的收益，但不包括因票据或其他有价证券而产生的付款请求权。应收账款付款人是指与借款人因业务往来而发生债权债务关系的债务人，是质押应收账款的付款人。

尽管我国法律并不禁止当事人以一定的应收账款来设定质押，但并不是所有应收账款都可以成为质押的标的，用于质押的应收账款必须具备以下特征：

1. 可转让性，即用于设立质押的应收账款必须是依照法律和当事人约定允许转让的。如当事人在产生应收账款的基础贸易或者服务合同中明确约定，基于该基础合同所产生的一切权利是不可以转让的，基础合同的权利义务只及于合同双方。则履行这样的合同产生的应收账款债权就不能作为质押标的。此外，基于特定的与人身性质不能分割的缘由产生的应收账款债权，也不适宜作为质押标的。

2. 特定性，亦即用于设立质押的应收账款的有关要素，包括金额、期限、支付方式、债务人的名称和地址、产生应收账款的基础合同、基础合同的履行程度等必须明确、具体和固定化。由于应收账款作为普通债权没有物化的书面记载来固定化作为权利凭证，质权人对于质物主张质权的依据主要依靠上述要素来予以明确。为此，各承认应收账款质押国家的立法，都对质押合同关于用于质押的应收账款的描述，做出尽可能详尽的要求，否则在面临诉讼时，就可能得不到法院的支持。

3. 时效性，即用于设定质押的应收账款债权必须尚未超过诉讼时效。诉讼时效超过，便意味着债权人的债权从法律权利已蜕变为一种自然权利。因此，从保障银行债权的角度出发，一方面，银行在选取用于质押的应收账款时应确保该应收账款债权尚未超过诉讼时效；另一方面，在融资期限内也要对应收账款债权的时效予以充分关注，及时督促出质人中断诉讼时效。

目前国内大多数商业银行所称应收账款包括下列权利：销售产生的债权，包括销售货物，供应水、电、气、暖，知识产权的许可使用等；出租产生的债权，包括出租动产或不动产；提供服务产生的债权；公路、桥梁、隧道、渡口等不动产收费权；提供贷款或其他信用产生的债权。

目前商业银行对应收账款质押贷款普遍实行余额控制，即应收账款质押贷款的余额总量不得超过全辖贷款余额的30%。

应收账款质押贷款的借款人应具备以下条件：具有一定的自有资金；生产经营正常，符合国家产业、环保政策；在金融机构无重大不良记录，具有按时还本付息的意愿和相应的能力；在提供贷款的商业银行开立基本存款账户；持有中国人民银行核准的贷款卡；与应收账款付款人有1年以上完整的交易记录，履约付款正常，且无任何债务纠纷；质押的应收账款未到履约期且单笔账龄不得超过六个月。

自然人作为应收账款质押担保贷款申请人，应当同时具备以下基本条件：具有有效身份证明、固定详细的住址和完全的民事行为能力；境外自然人应在境内连续居住一年以上；有合法稳定的收入或足以偿还贷款本息的合法资产，具备按期还本付息能力，并能够提供符合本管理办法和有关规定要求的应收账款作质押担保；无不良信用记录；按照中国人民银行的有关规定，应当持有贷款卡的，应持有中国人民银行核准的贷款卡。

应收账款付款人应具备以下条件：经工商行政管理机关核准登记、实行独立核算、财务制度健全的企业法人；生产经营正常，资金实力雄厚，具备按期足额偿还借款人应收账款的能力；应在发放贷款银行开立基本存款账户或一般存款账户，信用度在AA级（含）以上的企业法人；与借款申请人有1年以上完整的交易记录，且履约付款正常；应收账款付款人须出具与借款人形成应收账款的证明文件，付款人具备按期付款的能力。

申请应收账款质押贷款的借款人须提供以下资料（个人

申请贷款按照其他管理规定提供资料）：应收账款质押贷款借款申请书；经年检的借款人营业执照复印件、信用等级复印件及有效的贷款卡；经审计的近三年的财务报表和近期财务报表；表明真实贸易背景的合同和相关凭证；借款人为有限责任公司的应提供公司董事会同意质押意见书。

应收账款付款人需提供以下资料：经年检的营业执照复印件、企业代码证书复印件、资信等级证书复印件及贷款卡；验资报告和公司章程；近期财务报表；出具明确付款金额、方式与期限的应收账款证实书。

应收账款质押贷款可以是对单笔应收账款的质押，也可以是对多期限多笔应收账款组合的质押。每笔应收账款质押贷款的应收账款付款人原则上一人。如出现多个应收账款付款人应分笔办理。贷款额度应依据被质押应收账款的质量及借款申请人的经营、财务和资信状况等因素予以确定，应收账款质押率（含期限内利息）最高不能超过60%（含期限内利息的应收账款质押贷款金额/合同值应收账款金额×100%）。应收账款质押贷款的期限最长不得超过应收账款付款人承诺的付款期限，到期后不得办理展期。

办理应收账款质押贷款登记前，应收账款质押登记的操作员应登录登记公示系统，查询应收账款付款人所出质的应收账款在人民银行企业征信系统的登记情况。经查询应收账款质押登记未注销的不予办理贷款。并且支付的应收账款只能划入约定的监管账户。银行应收账款质押登记操作员会按照人民银行《应收账款质押登记办法》、《中国人民银行征信中心应收账款质押登记操作规则》等相关规定要求，在中国人民银行应收账款质押登记公示系统办理质押登记手续。

受理应收账款质押贷款申请后，贷前调查人员除应按照一般的调查方式和内容对借款申请人、应收账款付款人的主体资格、经营状况等进行调查外，应特别针对应收账款的真实性、有效性、付款计划和获得支付的可能性等进行深入调查，通过人民银行“应收账款质押登记公示系统”对拟进行质押的应收账款质押信息进行查询，避免重复质押的风险，并提供相关凭据附入贷款审批资料。

借款人或应收账款付款人出现下列情形之一的，提供应收账款抵押贷款的商业银行有权停止发放新的贷款、收回部分或全部贷款，采取措施变更担保方式：与应收账款付款人串通提供虚假质押；未按借款合同用途使用贷款；出现不利于归还贷款的其他债务纠纷；因市场变化造成应收账款付款人停产；因政策变动造成借款人停产；不接受商业银行监督或接受监督但不配合商业银行工作的。

应收账款付款人付款期限到期未履行承诺的，商业银行会申请所在地人民法院予以强制执行。借款人与应收账款付款人相互串通、逃避监督，致使应收账款未汇入指定账户导致贷款无法偿还的，商业银行除申请所在地人民法院强制执行外，应继续保留对借款人、应收账款付款人的追索权利，直至贷款本息清偿为止。

十八、专利权质押贷款

专利权简称“专利”，是发明创造人或其权利受让人对特定的发明创造在一定期限内依法享有的独占实施权，是知识产权的一种。专利权质押贷款是指借款人以合法拥有的专利权向商业银行出质，取得商业银行一定金额的人民币、外币贷款，并按期偿还贷款本息的一种贷款。其中的专利是指由国家知识产权局依法授予专利权的发明专利和实用新型专利。借款人指经工商行政管理机关依法登记成立且注册在商业银行经营区域内，从事经营活动的企业法人和其他经济组织。借款人以专利权出质取得的信贷资金，只能用于技术研发、技术改造、设备购置、流动资金周转等生产经营，不得从事股本权益项投资，不得用于贷款合同约定之外的其他用途。

借款人申请质押贷款的专利权应当符合以下条件：已被依法授予专利权；专利权处于法定有效状态，其中发明专利有效期不得少于10年，实用新型专利经授权公告之日起1年以后且剩余有效期不得少于6年；专利不得涉及国家安全与保密事项；授予的专利权有较高的科技含量，专利项目符合我市的产业政策和环保要求，且正处于实质性的实施阶段，并形成产业化经营规模，具有一定的市场潜力和良好的经济效益。

借款人应当符合以下条件：必须是合法专利权人，一项专利权有两个以上的共有专利权人的，应提供公证的其他共有权利人同意质押的书面文件；原则上有两年（含）以上的经营业绩和最近两年连续盈利纪录；信用良好，有偿还本息能力；经过上一年度工商部门年检；财务制度健全，最近两年会计报告经会计师事务所审定。

有下列情形之一的，商业银行不会办理专利权质押贷款：借款人非专利登记簿所记载的专利权人的；有两个（含）以上共有专利权人的，非全部专利权人同意办理质押的；专利权已经终止的；专利权质押期限超过专利权有效期的；专利权被启动无效宣告程序的或被宣告无效的；专利权属存在纠纷的；专利权涉及国家安全与机密的；合同约定在债务履行期届满质权人未受清偿时，质物的所有权归质权人所有的。

专利权质押贷款额度可把专利权价值评估结果作为主要参考依据，一般不超过专利评估价值的30%。专利权质押贷款期限一般不超过一年。超过一年期限的，商业银行可要求借款人对其出质的专利权予以重新评估，或提供其他形式的补充担保。

专利权质押贷款借款人需提供以下资料：专利权质押贷款申请书；拟出质的专利证书及复印件；证明专利权有效的专利登记簿副本原件。以实用新型专利权出质的，还需要提供由国家知识产权局出具的实用新型专利检索报告或专利权评价报告；工商营业执照、法定代表人身份证明。

借款人持初审材料、市知识产权局出具的推荐意见及商业银行所需的其他材料向商业银行提出贷款申请。利权质押合同应包括但不限于以下内容：出质人、质权人及代理人或联系人的姓名（名称）、通讯地址；被担保的主债权种类、金额、利率、资金用途；债务人履行债务的期限；专利件数及每项专利的名称、专利号、申请日和授权公告日；质押担保的范围；质押的金额与支付方式；对质押期间进行专利权转让或实施许可的约定；质押期间维持专利权有效的约定；出现专利纠纷时出质人的责任；质押期间专利权被宣告无效时的处理；违约及索赔；争议的解决方法；质押期满债务的清偿方式；当事人认为需要约定的其他事项；合同签订日期、签名签章。

专利权质押合同签订后，当事人应在订立书面合同之日起向国家知识产权局初审及流程管理部办理专利权质押合同登记手续。借款人应将借款合同、专利权质押合同、专利权质押合同登记情况等报送市知识产权局备案。取得的专利权质押合同登记通知书应经市知识产权局审查。质权自国家知识产权局登记之日起设立。借款人（出质人）应及时将出质的专利权证书移交商业银行，但专利权质押合同另有约定的除外。

专利权质押合同登记通知书经市知识产权局审查合格后，商业银行应当按照专利权质押合同及借款合同约定及时办理贷款手续，向借款人发放贷款，并妥善保管借款人移交的专利证书及其他相关资料。

质押期间专利权人就有关专利提出著录项目变更请求时，须经质押双方当事人同意。变更质权人、被担保的主债权种类及数额或者质押担保范围的，当事人应在作出变更决定之日起的规定日期内持变更协议，原专利权质押合同登记通知书及相关资料向国家知识产权局办理变更手续，同时报市知识产权局备案。变更登记后，借款人和商业银行应重新修订专利权质押合同及借款合同。

质押合同解除或终止后，出质人和商业银行应在规定日期内持有关材料到国家知识产权局办理专利权质押合同登记注销手续，并报送市知识产权局备案。质押合同登记注销后，借款人应及时返还尚未到期贷款及利息或提供其他担保。

借款人到期不能清偿债务的，商业银行可以依法处置质物，并就处置所得优先受偿。处置所得不足以偿还借款本息或质物无法处置的，商业银行对不足部分金额或全部金额有权依照合同约定的其他担保方式，要求相关第三人承担相应担保责任或处置相应抵押物。

十九、存货质押贷款

存货质押贷款中的存货，是指企业在日常经营活动中持有以备出售的产成品或商品、处在生产过程中的在产品、在生产过程或提供劳务过程中耗用的材料或物料等，包括各类材料、在产品、半成品、产成品或库存商品以及包装物、低值易耗品、委托加工物资等。一般情况下，企业的存货包括下列三种类型：（1）在正常经营过程中存储以备出售的存货。这是指企业在正常的经营过程中处于待销状态的各种物品，如工业企业的库存产成品及商品流通企业的库存商品。（2）为了最终出售正处于生产过程中的存货。这是指为了最终出售但目前处于生产加工过程中的各种物品，如工业企业的在产品、自制半成品以及委托加工物资。（3）为了生产供销售的商品或提供服务以备消耗的存货。这是指企业为生产产品或提供劳务耗用而储备的各种原材料、燃料、包装物、低值易耗品。

存货质押贷款，是指小微企业以商业银行能够接受的存货质押办理的短期流动资金贷款。商业银行通过与借款人以及符合商业银行条件的仓储单位签订三方合作协议，仓储单位接受商业银行的委托对货物进行有效看管，从而实现商业银行对质押存货的转移占有。

借款人必须满足如下条件：满足客户初选条件；年销售收

入在规定标准以上；占有较大市场份额，有稳定的购销渠道；在商业银行保持一定的存款规模和结算量；无任何悬而未决的争议和债权债务纠纷；有良好的信誉和履约记录，银行贷款无逾期和欠息；无欠缴税款；商业银行认为必要的其他条件。

所质押存货必须满足如下要求：货物的产权必须明确；质押物的物理、化学性质稳定，在商业银行债权的诉讼时效及诉讼期间，质押物不会发生物理、化学变化；该货物必须具有活跃的交易市场，价格稳定（一年内价格波幅不得超过20%），易于折价变现；货物规格明确，便于计量，符合国家有关标准；货物必须有明确依据确定其实际价值，包括增值税发票、进口报关单、商检证明等；否则必须由银行认可的权威机构对其进行评估，所需费用由出质人承担。

如企业在商业银行申请存货质押贷款以外还申请其他授信，则须完全按授信流程规定执行，由各级有权审批人在审批权限内审批。在对企业进行其他方式的授信时，应将其在商业银行的存货质押贷款视同一般授信并占用其授信额度或授信额度上限。

在信审部门下达正式批复后，银行信贷员会在核定的存货质押贷款额度内按照银行授信业务放款规定进行单笔业务操作并向上级行放款部门提交拟质押货物名称及来源证明（如增值税发票、进口报关单）和其他需提供的资料；借款人将货物存入商业银行认可的仓储单位，商业银行与仓储单位、借款人签定《质押货物仓储监管合作协议》，仓储单位接受商业银行委托，根据协议内容对质押货物进行有效监管；货物入库时，仓储公司负责验货，核实规格、型号、数量、产地、质保书和增殖税发票等必要文本资料，如无问题开出相应仓单；仓储单位开出仓单后，商业银行应立即要求借款人背书记载质押事项，背书后的仓单作为重要权利凭证交上级行放款部门统一保管。银行信贷员与借款人共同在仓储单位办理交接登记，由仓储单位按照《质押货物仓储监管合作协议》根据商业银行委托控制质押货物；商业银行与借款人签订《动产质押协议》，放款人员按照规定为借款人办理提款手续；借款人在每次提货前要将与货物相对应的款项打入其在商业银行的保证金账户，并根据商业银行要求的格式拟制等金额的出库通知单，出库通知单上加盖的公章应与借款人在商业银行的预留印鉴相符。客户经理在出库通知单上签字后交会计经理核实保证金是否足额入账，核实无误后签字确认，之后由有权签字人签字并加盖商业银行公章，完成出库通知单的制作，具体可参照《质押货物仓储监管合作协议》中有关条款；仓储公司审核出库通知单，在确认无误后为借款人办理出库通知单相对应货物的出库手续；每个营业日终了前，商业银行与仓储单位进行对账，具体方式为：仓储单位将质押物的库存数量、型号、规格、种类等情况用固定传真号传真至商业银行具体经办机构，商业银行核对无误后，同样用固定传真通知对方账已平，如有误应及时查明原因并及时采取措施；贷款结清或借款人存入100%保证金后，经办机构的会计经理核实无误后，商业银行向仓储公司签发质押业务终结通知书，通知仓储公司解除对该笔贷款项下质押货物的监管，借款人提取剩余货物不需商业银行出具出库通知单。

存货质押贷款到期后，如客户不能按时还清本息，原则上商业银行不予展期；上级行会立即对所质押货物进行处理，质物的处理会以商业银行认可的公开拍卖的方式进行，商业银行不会与出质人协议以物抵债；如贷款到期后确需展期，业务人员须提出明确理由以及切实可行的货物销售计划和还款计划，逐级报原审批人审批；展期期限不得超过原贷款期限，展期期间不会对借款人发放新的存货质押贷款。

贷款发生后，所质押货物原则上不得用其他货物置换。如借款人确有需求，需要商业银行产品经理与客户经理共同形成报告按一般授信业务流程报原审批人审批。用于置换已质押货物的其他货物必须满足如下条件：价值不得低于原质押货物；在市场上的销售情况完全正常；生产日期必须在原质押货物生产日期之后。

原审批人审批同意后，商业银行与借款人按照最新的质押货物清单重新签订《动产质押协议》。商业银行签发质押货物置换通知书，由客户经理将质押货物置换通知书与原仓单一同交给仓储单位，通知仓储单位办理货物置换；仓储单位收到通知书后，与预留印鉴核实无误后，为借款人办理货物置换，并开出新的仓单，商业银行应要求借款人立即将其背书转让给商业银行。商业银行业务人员会在现场对置换工作予以全程监督。

对质押的存货在质押期间必须落实保险手续，保险受益人为商业银行，相关费用由借款人承担；存货的质押率不得超过70%；质押货物价值的确定遵循发票价值和当前市场孰低原则，具体由分行信贷产品部门进行确定。

二十、不可小视的贷款审批会

出于安全和经营风险的考虑，在银行信贷员帮助小微企业和个体经营者准备好申请贷款的全部资料并经过银行的风险部门评估后，就要将全部的借款资料提交商业银行或小额贷款公司的贷款审批会进行审议，并以投票的方式决定是否向借款人发放这笔贷款。目前，国内大多数商业银行贷款审批会的工作细则要求并不完全相同。但商业银行贷款审批会的主要审批要点会集中在借款人的基本情况审核、借款人所处行业概况审核、借款人财务报表数据审核、借款人担保情况审核几个方面。

银行在对企业的基本情况进行审核的过程中会注意的事项有：企业成立至今是否出现过因法律、债务等非正常因素而产生的变更。企业成立的时间长短。成立时间短的企业对市场的预计不足，缺乏经验，抗风险能力较差。成立时间长的企业对市场的应变能力较强，了解行业的潜规则。企业自成立至授信申请之日，股权是否发生重大变更，变更的主要原因是什么？是否为逃废债务、转移资产等因素而非正常变更股权关系。企业的营业执照是否经过连续年检，未参加年检的原因是什么？目前所经营的业务是否在营业范围之内。注册资金是否通过律师赴工商管理机构进行核实确认。营业执照登记证相关要素内容是否正确？公司章程之规定是否完整，董事会及股东会的制度建立是否完善，分红的有关规定及限制条款。验资报告是否通过律师赴工商管理机构进行核实确认。是否存在虚假验资的情况，结合企业财务报表，是否有抽逃资金的现象。法人代表的信用记录，法人目前的个人贷款数额。若借款人属私营企业，此部分贷款数额应同其公司债务一并计入实际负债。法人代表的从业经验及社会地位。

银行在对企业的授信审核过程中，行业概况尤为重要。首先，经济发展的大趋势及本国、本地区经济的发展前景是前提。经济发展的不同阶段对于不同的企业也将有利有弊，不能一概而论。其次，企业所处的行业特性是需要重点分析的。而企业从事本行业的时间长短直接关系到企业未来发展的前景。同时，本行业的竞争对手，企业的市场份额都必须通过详细的数据进行分析。

银行对企业财务报表数据的审核中，会由于信息不对称问题的存在，使得企业经营的实际状况与财务报表数据出现不一致的现象，因而财务报表数据要结合企业的实际情况进行综合分析判断。具体审核要点是：确定借款人报表的真实性、完整性、一致性，并通过合格的会计师事务所进行审计。核对会计师事务所出具的审计报告，且要有实地查询的依据。企业财务报表相关编制人员一定要能就相关项目做出完整解释。对于审计报告忽略的项目，而实际报表数额较大的项目一定要询问清楚。经常替换会计师事务所的原因要询问清楚。对于企业收入与现金流严重不匹配的情况，企业要有充分的理由作出解释。

银行对企业担保情况的审核中，在对担保企业的判断上依然要与借款企业同样的标准，担保企业的持续经营才能使担保有效，其次担保企业自身的担保能力需参考其财务数据进行测算。再次，担保企业现有的担保额度及未来即将增加的担保额度是否对企业的经营造成影响。最后，担保企业所担保的其他企业是否有经营不善的现象，是否会影响到担保企业对本行授信企业的担保效力等。对于采用抵押担保的方式，尤其要注重评估价值的合理性。通常多家评估机构对一个项目进行预评估，既不增加企业的融资成本，又可以相对客观公正地反映价值。客户经理是否赴抵押物周边地区了解抵押物的市场价格，结合评估报告得到公允的价值。

小额贷款公司目前同样采用贷款审查委员会负责评审所有贷款，并对所评审的贷款形成最终决策意见。贷审会是小额贷款公司对贷款审查的最高决策机构。大多数情况下，贷审会也是小额贷款公司评议审定贷款的常设机构。小额贷款公司由总经理、副总经理、风控部经理、业务部经理等相关的人员组成贷审会。申报贷款的客户经理及业务部经理作为列席人员参加贷审会，从不同的角度详细汇报贷款的情况。贷审会评审贷款一律采用评审会议的形式进行。贷审会会议由总经理担任组长，副总经理担任副组长。会议由组长或副组长主持，风险部经理负责召集，并安排会议。上会贷款项目资料主要有贷审会评委意见表、贷款审查报告、贷款审批表、贷款调查报告、资产评估报告、客户主体资格基本资料、客户信用审查资料、财务报表、物权凭证、审查情况以及其他资料等。

目前国内小额贷款公司的贷审会成员实质上是贷款审批人的角色，职责是根据国家有关方针、政策、法规和公司确定的信贷经营战略，从公司的利益出发审查每一笔信贷业务的技术、经济和商业可行性，并根据该笔信贷业务预计给公司带来的效益和风险决定是否批准该笔信贷业务。贷款审批人的具体工作主要包括阅读审查项目申报材料，参加贷款审批会议讨论，找出上报项目的主要风险点并研究风险规避和防范措施，最终根据对项目本身风险和效益的判断进行表决。贷款审批人原则上在贷款决策前不得与经办行就所审批贷款情况或申报材料中的问题进行直接交流。如果贷款审批人认为某一笔贷款的申报材料存在重大问题，可在上会前将情况反馈给审批受理人，由审批受理人与经办行或公司前台部门联系解决。

小额贷款公司的贷审会在评审一项贷款时，按照列席人员介绍贷款及初审情况、风险经理介绍复审情况、评委议审、组长总结的程序进行。客户经理介绍贷款及初审情况。包括申请企业的管理状况、资信情况、经营状况、贷款用途、贷款项目状况、企业风险度评估情况、担保等方面的情况，并陈述个人的意见。参与贷款的风险经理介绍审查情况。包括对项目资料的完备性、充分性和合法性审核等方面。陈述个人对贷款的意见，对贷款所在的公司审查情况及风险的预期，提出应采用的预防措施。各评委针对贷款和评审中的不明情况进行提问，分别由客户经理、业务部经理和风险经理做出解答。评委自主陈述对贷款的意见，提出建议，并书面表决。

小额贷款公司的贷审会以表决的方式决定是否同意贷款。表决采用贷审会评委意见表签名方式，在“同意”、“不同意”两种态度中选一项，贷款项目只有获得有表决权的评委三分之二以上（含）表决“同意”的，才算通过；贷审会没有通过的项目只能复议一次，两次上会没有通过的项目不得再介入。“不同意”的应在贷审会评委意见表上注明理由。业务部经理作为评委对本部门贷款没有表决权。列席人员可询问和发表意见，但无表决权。有权审批人具有一票否决权。一票否决权是指贷审会评审通过，审批人可以一票否决；但已经贷审会否决的项目，审批人无权一票赞成通过。

小微企业和个体经营者在申请经营性贷款时，不管是商业银行还是小额贷款公司都会对借贷人或借款企业的资质和各方面条件反复考察后，才能决定是否放款。不过，想要通过贷款审批会可并非那么容易。存在以下几种现象极有可能遭到贷款审批会的拒绝：一是持有多张信用卡，并且卡已刷爆，只偿还了最低还款额度。因为在贷款机构看来，借贷人的负债情况较高，那么还款能力也就较弱了，为了保证贷款能顺利收回，那么贷款机构是不会轻易放款的。二是贷款信用资料与银行或小额贷款公司有出入。借款人原来申请贷款时，因为贷款资料显示征信不良，银行流水不稳定，而事后借贷人再次重复提交资料申请贷款，那么贷款机构为了防止借贷人有造假的可能，是不会贸然同意审批的。三是借贷人不配合调查。在接到贷款申请时，为了万无一失，银行信贷员会对借贷人进行调查询问。如果借贷人表示不耐烦态度不友善的话，对贷款审批也是会有负面作用。

二十一、贷款保证方式不断推陈出新

目前国内商业银行向小微企业提供贷款担保的方式主要有四种：抵押、质押、保证、抵押加保证。其中，抵押担保是指借款人或企业以所购自有住房或商业用房作为贷款抵押物，并将房屋价值全额用于贷款抵押。以房屋产权作抵押，抵押人和抵押权人应当签订书面抵押合同。同时借款人对设定抵押的财产在抵押期内必须妥善保管，负责维修、保养、保证完好无损的责任，并随时接受贷款人的监督检查。商业银行通常会规定设定的抵押物，在抵押期届满之前，贷款人不得擅自处分；抵押期间，未经商业银行同意，抵押人不得将抵押物再次抵押或出租、转让、变卖、馈赠。质押担保是指采取质押方式的，出质人和质权人必须签订书面质押合同，质押合同至借款人还清全部贷款本息时中止。商业银行通常会规定对设定的质物在质押期届满之前，贷款人不得擅自处分。质押期间，质物如有损害、遗失，贷款人应承担责任并负责赔偿。保证担保是指借款人不能足额提供抵押（质押）时，应有商业银行认可的第三方提供承担连带责任的保证。保证人是法人的，必须具有代为偿还全部贷款本息的能力，且在银行开立有存款账户。保证人为自然人的，本息有固定经济来源，具有足够代偿能力，并且在贷款银行存有一定数额的保证金。保证人与商业银行应当以书面形式订立保证合同。保证人发生变更的，必须按照规定办理变更担保手续，未经商业银行认可，原保证合同不得撤销。抵押加保证是指商业银行人在借款人尚未取得所购房屋产权的基础上，要求借款人提供具有代为清偿能力的第三方连带责任保证人作为贷款担保而向借款人发放的贷款。目前主要是要求所购房屋的开发商为担保人。

由于抵押、质押、保证、抵押加保证的担保方式，国内各家商业银行有着非常成熟的制度进行约束，因而小微企业的贷款担保如果仍按大中型企业的操作方式进行操作的话，会显得非常尴尬。小微企业最缺乏的往往正是大中型企业可以作为抵押质押的大额房产和商业经营设备，当然更缺乏关联保证人和行业的经营背景。因而小型微型企业的担保方式亟需创新。

辽宁省凤城农机企业具有悠久的发展历史，特别是铡草机、脱粒机等小型农业机械远销省内外。特别是国家农机购置补贴政策实施后，凤城农机制造企业乘势而上，行业景气水平连续数年呈高速增长态势，农机企业发展到 50 多家，年产值 3 亿多元，其中 17 家企业进入国家农机购置补贴目录，位居全省第一位。农机产品补贴数量在全省名列第一。凤城已成为辽宁东部山区的农机示范县。然而，凤城的农机企业都是一些小企业，产值从几百万元到几千万元不等，且由于规模小，利润微薄，企业积累不多，没有什么资产，企业产品又是半年闲，难以获得贷款支持。况且凤城农机企业的产品主要以铡草机为主，辅助产品为灭茬机、脱粒机、粉碎机、玉米剥皮机，产品生产有明显的季节性。农机企业全年生产销售，可拿到补贴却只能等到每年 9 月、10 月两月一次。农机企业对资金需求比较多，占用时间也比较长。这种现状一直制约着凤城农机企业的发展，也使农机小企业做不大做不强。针对这种情况，中国人民银行凤城市支行会同丹东银行凤城支行深入调查研究，以农机小企业产品财政补贴为突破口，利用农机企业销售额有 30% 财政补贴作为保证，以代理销售公司账户为贷款提供担保，解决了农机小企业贷款难问题，取得了较好的银企双赢。破解了农机小企业的资金难题。贷款运行至今，无不良贷款业务发生。

四川省平昌县农村信用合作联社利用近年来国家持续对农户进行各类补贴的有利条件，创新推出了农户综合直补资金账户担保贷款。农村信用社根据农户惠农直补资金的额度，将惠农直补资金账户作为贷款质押担保账户，由农户本人承诺提供质押担保，在担保余额或超出规定比例后，采取与农户联保贷款进行捆绑，并由联保小组成员相互承担连带保证责任的贷款。二是明确贷款方式。在农户综合直补资金账户担保贷款授信额度内的农户综合直补资金账户担保贷款采取账户质押承诺方式发放，超过农户综合直补资金账户担保贷款授信额度的，采取农户联保等担保方式发放。借款人为参加联保小组的自然人，自然人自愿接受农村信用社的资格审查和对惠农资金账户实施监管。申请农户综合直补资金账户担保贷款的借款人必须同时具备下列条件：有固定住所（所建房屋应为 2009 年后新建）；借款人身体健康、诚实守信；信用状况良好，且无重大不良信用纪录；借款人具备还款意愿和偿还贷款本息的能力；自筹资金比例不低于 40%；家庭主要成员（18 岁以上）承诺愿意承担连带偿还保证责任，并出具承诺书；贷款人规定的其他条件。同时规定，农户综合直补资金账户担保贷款的借款人为享受各类惠农直补政策的农户个人，不得由村组集体承贷或转贷。信用社对申请贷款的农户进行评级授信，授信额度控制在5万元以内（含），并根据农户近3年直补资金总和的20倍进行授信，在授信额度内的贷款由贷款社直接发放，对超过农户直补担保账户贷款额度的借款申请，采取农户联保等担保方式增加贷款额度，但单户贷款额度控制在8万元以内。二是限定贷款期限。农户综合直补资金账户担保贷款期限一般为3年，最长不超过5年。三是限定贷款利率。农户综合直补资金账户担保贷款按农村信用社农户贷款利率执行，实行按季结息，结息日为每季末20日。《农户综合直补资金账户担保贷款办法》规定：超过农户综合直补资金账户担保贷款授信额度的，采取农户联保等担保方式发放，联保小组由居住在信用社服务区域内的借款人组成，一般不少于3户，最多5户，联保小组自联保协议签订之日起设立，有效期由借贷双方协商议定，最长不超过3年。联保小组应履行的职责包括：按照借款合同约定偿付贷款本息；督促联保小组其他成员履行借款合同，当其他借款人发生贷款挪用或其他影响贷款偿还的情况时，应及时报告信用社；在贷款本息未还清前，联保小组成员不得随意转让、毁损用贷款购买的物资和财产；对联保小组其他借款人的借款债务承担连带保证责任，在借款人不能按期归还贷款本息时，联保小组其他成员代为偿还贷款本息。联保小组保证的范围包括贷款本金、利息、罚息、欠息、违约金、逾期利息、复息以及为贷款人实现债权应支付的律师费。单个联保小组成员的最高贷款限额为5万元。

在广东省，广州和江门市开始小额贷款保证保险“政银保”产品试点工作。广州的作法是由政府财政出资成立风险补偿资金。风险分担机制主要由保险公司、银行、风险补偿资金共同负担。不良贷款率5%以内的损失部分，保险公司在年度保费总额内承担赔付责任，超出部分由风险补偿资金承担，银行承担贷款利息损失。不良贷款率超出5%的损失部分，风险补偿资金不予补偿，由银行、保险公司按约定承担。江门方案则更接近商业模式，政府财政并不提供补贴，主要是提供政策支持，即整合工商、税务、公安等公共资源，向保险公司、银行提供借款企业资信信息，完善风险识别、管控机制，并协助建立逾期贷款追偿机制。设立小微企业贷款保证保险服务中心，由保险公司负责日常运营，合作银行提供协助，保险公司承担主要经营风险。同时地方保险行业协会建立小微企业贷款保证保险服务中心，把政府部门的企业征信信息及时提供给保险公司，剩下的风险就靠保险公司自己的风险管理能力。同时，也建立起逾期贷款追偿机制。

有着20多年历史的河北宁晋国宾食品有限公司，已经成为国家级重点农业龙头企业。然而就是这样一家“小巨人”，关键时刻依然遇上了贷款难问题。本来公司在其他银行有3 000万元贷款额度，但由于贷款担保人自身出现财务争议，须更换保证人而先期只发放了1 500万元，这让他们有些措手不及。河北银行针对优质小企业解决担保难的创新，提出在银行资金风险可控的前提下，企业间互相提供担保，形成担保链式的联合担保。同样在河北宁晋，需要资金的不只有国宾食品一家中小企业，很多优质中小企业都面临着抵押难的问题。根据国宾食品的推荐并多次实地调查宁晋当地的电缆企业，河北银行小企业金融服务中心最终在众多宁晋电缆企业中，选定宏亮电缆有限公司和泰丰线缆集团有限公司与国宾食品进行三方互保。在3家企业完整提交贷款资料并完成调查的当日，河北银行信贷人员连夜赶写调查报告向上级汇报调查结果，小企业金融服务中心就这3家企业紧急召开小企业审贷会，总额3 000万元的小企业联保贷款从完成调查到获得成功审批仅仅用时24小时。三方企业相互间签订承担贷款偿还责任书，一旦一家企业不能按期还贷，银行就会向其他企业追偿。联保成员之间相互监督，相互约束，减少了银行与借款人之间的信息不对称，为银行贷款决策和贷款管理提供了可靠的信息支持，并能从道德层面相互控制，减少道德风险。这就像一个篱笆的三个桩一样，能让篱笆站的更稳更牢。

二十二、细说抵押、质押、留置与保证的区别与联系

抵押，是指借款人或者第三人不转移财产的占有，将该财产作为债权的担保。借款人不履行债务时，商业银行有权依照本法规定以该财产折价或者以拍卖、变卖该财产的价款优先受偿。主要关系表现为借款人或者第三人为抵押人，商业银行为抵押权人，提供担保的财产为抵押物。特点是抵押财产不移转占有，设立抵押，抵押物仍由借款人或第三人（抵押人）占有。抵押权人行使优先受偿权，以借款人不履行债务为前提。

质押，是指借款人或者第三人将其动产移交商业银行占有，将该动产作为债权的担保。借款人不履行债务时，商业银行有权依照本法规定以该动产折价或者以拍卖、变卖该动产的价款优先受偿。主要关系表现为借款人或者第三人为出质人，商业银行为质权人，移交的动产称作质物。质押除了动产，还有权力质押。动产质押与权利质押的区别表现在：合同标的方面，动产质押的标的为有形的动产；权利质押的标的为无形的权利。标的物的移转占有方式方面，动产质押，出质人向质权人交付质物；权利质押，以证券化的债权设质，将设质情况通知借款人即可，以股份、股票或知识产权设质，依法质押登记

即移转占有。质押的实现方式方面，动产质押，质权以对动产的折价或拍卖、变卖的价金优先受偿；权利质押，质权人直接取代出质人的地位，行使出质人的权利。

抵押与质押的区别是：抵押标的为动产与不动产；质押标的为动产与权利。抵押物不移转占有；质物移转占有。当事人可以自愿办理抵押登记的，抵押合同自签订之日起生效；当事人不必办理质押登记的，质押合同自质物或权利凭证交付之日起生效。当事人办理抵押登记的，登记部门为抵押物的相应管理部门；以股票、知识产权出质的，当事人应向其相应的管理机构办理出质登记。债务履行期届满，抵押权人未受清偿的，可与抵押人协商以抵押物折价或以拍卖、变卖该抵押物的所得价款受偿，协议不成的，可向人民法院提起诉讼；债务履行期届满，质权人未受清偿的，可与出质人协议以质物折价或依法拍卖、变卖质物清偿债权。

抵押与质押的共同点有：抵押权与质权同为担保物权，抵押与质押都应以书面形式签订抵押合同或质押合同，合同中都不得约定，当债务履行期届满，抵押权或质权未受清偿的，抵押物或质物的所有权转移为抵押权人或质权人所有，抵押合同与质押合同都有向有关部门办理登记的规定，抵押物与质押物都必须办理登记的，抵押合同与质押合同自登记之日起生效，抵押权与质权与其各自担保的债权同时存在，同时消灭。抵押权因抵押物灭失而消灭，因灭失所得赔偿金，应作为抵押财产；质权因质物灭失而消灭，因灭失所得赔偿金，应作为出质财产。抵押担保的范围包括主债权及利息、违约金、损害赔偿金和实现抵押权的费用；质押担保的范围包括主债权及利息、违约金、损害赔偿金、质物的保管费用和实现质权的费用。抵押物折价或拍卖、变卖的价款超过债权的部分归抵押人所有，不足部分由借款人补足；质物折价或拍卖、变卖的价款超过债权的部分归出质人所有，不足部分由借款人补足。无论抵押或质押，当借款人不履行债务时，商业银行都享有对该抵押物或质物折价或拍卖、变卖价款的优先受偿权。抵押人转让已办理登记的抵押物，应当通知抵押权人，并告知受让人转让物已抵押的情况，抵押人未通知抵押权人或未告知受让人的，转让行为无效；股票出质后不得转让，但经出质人与质权人协商同意的除外。商标权、专利权、著作权中的财产权出质后，出质人不得转让，但经出质人与质权人协商同意的除外，转让所得价款应提前清偿债权。抵押物不移转占有；以股票出质设定质押，由于股票市场电子化，股票无须移转占有。抵押人可用依法有权处分的国有土地使用权、房屋使用权等权利设定抵押；质押人以汇票、支票、本票、债券、存款单、仓单、提单，依法可以转让的股份、股票，依法可以转让的商标权、专利权、著作权中的财产权等其他权利设定质押。

留置，是指商业银行按照合同约定占有借款人的动产，借款人不按照合同约定的期限履行债务的，商业银行有权依照本法规定留置该财产，以该财产折价或者以拍卖、变卖该财产的价款优先受偿。就目前来看，抵押一般适用于不动产，不转移占有，质押和留置则以转移占有为要件。三项权力都属于担保物权，都为保障债权的实现而设，是债权的从权利。在债的履行期限届满，借款人不履行债务的情况下，商业银行都有权就标的物优先受偿。

商业银行规定可用于抵押的财产有：抵押人所有的房屋和其他地上定着物；抵押人所有的机器、交通运输工具和其他财产；抵押人依法有权处分的国有土地使用权、房屋和其他地上定着物；抵押人依法有权处分的国有机器、交通运输工具和其他财产；抵押人依法承包并经发包方同意抵押的荒山、荒沟、荒丘、荒滩等荒地的使用权。不得抵押的财产有：土地所有权；耕地、宅基地、自留山、自留地等集体所有的土地使用权；学校、幼儿园、医院等以公益为目的的事业单位、社会团体的教育设施、医疗设施和其他社会公益设施；所有权、使用权不明或者有争议的财产；依法被查封、扣押、监管的财产。

商业银行规定可用于质押的财产有：动产质押，是指以不动产以外的物进行质押。不动产是指土地以及房屋、林木等地上定着物、建筑物等固定设施设备。权利质押的标的有：汇票、本票、支票、债券、存款单、仓单、提单；依法可以转让的股份、股票、商标专用权、专利权、著作权中的财产权；不动产的收益权。

商业银行规定用于留置的财产，是指因保管合同、运输合同、加工承揽合同依法占有的借款人的动产。

留置权与质权的区别有：留置权为债权未受清偿前扣留他人动产的权利，这种占有、扣留他人动产的权利是由法律规定的（只限于保管合同、运输合同、加工承揽合同和行纪合同），所以，留置权为法定担保物权；质权一般是由当事人约定的。留置权人占有、扣留动产，是基于借款人不如期履行约定义务；质权人占有质物，是基于担保债权的实现。留置权的实现，须留置权人给借款人规定一定的期限，并通知借款人在此期限内清偿债务，当借款人不为清偿时，留置权人方可处置该留置物，实现债权；质权的实现，是当债权已届清偿期而未受清偿，质权人通知出质人后，即可处置质物，实现债权，无须给出质人规定清偿债务的期限。留置物被他人占有时，不能依据留置权请求返还原物，而只能依据占有权请求返还原物；质物被他人占有时，质权人可依质权请求返还质物。留置权因留置物的丧失或因借款人提供相当的担保而消灭；质权因质物丧失，并不能返还时而消灭。留置是指商业银行因保管合同、运输合同、加工承揽合同依法占有借款人的动产，在债权未能如期获得清偿前，留置该动产作为债权的担保；质押，是指借款人或第三人将其动产或权利移交商业银行占有，将该动产或权利作为债权的担保。留置权是法定的，当事人不能任意创设，但允许当事人约定排除留置权；质权由当事人约定创设，不存在约定排除质权。

留置权与质权的共同点有：留置权与质权同为担保物权，当债权未受清偿时，对留置物或质物折价或拍卖、变卖的价金优先受清偿的权利。留置权与质权的客体都为借款人或第三人的动产。留置权与质权担保的范围都为主债权及其利息、违约金、损害赔偿金、保管费用和实施费用。留置权人和质权人都应以善良管理人责任心保管留置物或质物，因未尽责任心而致留置物或质物毁损、灭失的，留置权人或质权人都应承担赔偿责任。留置权人或质权人都有权收取留置物或质物的孳息。留置权与质权都与其各自担保的债权同时存在，债权消灭，留置权、质权也随之消灭。商业银行占有借款人交付的动产，不知借款人无处分该动产的权利，商业银行仍然取得对该动产的留置权或质权。留置物或质物被折价或拍卖、变卖后，其价款超过债权数额的部分归借款人所有，不足部分由借款人补足。留置权和质权都不受所担保的债权诉讼时效的限制，当留置权或质权所担保的债权的诉讼时效完成后，留置权人、质权人仍可对留置物、质物行使权利。

保证是指保证人和商业银行约定，当借款人不履行债务时，保证人按照约定履行债务或者承担责任的行为。担保物权是指借款人或第三人和商业银行约定以某财产作为担保，当借款人不履行债务时，商业银行有权以该财产折价或者以拍卖、变卖该财产的价款中优先受偿的行为。

保证和担保物权，都是一种担保方式，都是为了维护商业银行的合法利益，保障债权得以实现的一种有效方式。但保证和担保物权还是有区别的，二者是不同性质的担保方式，保证是以人的某种信用作为担保的范畴，而担保物权则是以物的价值作为担保的范畴，这是一般理解上的区别。

保证作为一种担保方式，是通过借款人之外的第三人的信用来实现商业银行的债权的，这是基于保证人的社会上的一定信用，包括人格信用和财产信用，并且保证人和借款人有一定的关系，比如，亲戚关系及其他利害关系。这样可以促使借款人增强履行债务的积极性。即使借款人无法履行债务时商业银行也能从担保人那里实现债权，这方面增强了商业银行的受偿机会。同时，保证也可以增强借款人的信用，能够从商业银行那里获得信任，从而获得某项财产，为自己的经济物质发展及利益提供有力保障。因此通过担保人的信用，从而使商业银行获得一种实现债权的安全利益。

担保物权则是通过直接或间接取得或支配主债务的某项特定财产的交换价值，从而获得自己所需的价值，因而确保债权得以实现。但设定担保物权必须是担保物权的客体即担保具有价值及使用价值，否则商业银行的利益无法得到保障。也就是通过担保物的交换价值，即通过对担保物的变卖和拍卖来实现债权。因此，担保物权并非以第三人的信用作为担保，而是借款人或第三人的特定的具有交换价值的财产作为担保，因而担保物权属于物的担保范畴。

在担保方式上，担保物权相对保证有许多优点。保证是以第三人的某种信用作担保，商业银行并不直接支配保证人的财产，而保证人仍然可以对自己的财产任意支配和处分，这对商业银行是无所顾忌的，商业银行不能因为保证人的任意使用和处分其财产，而认为自己的利益可能受损及债权有可能无法清偿从而向担保人提出抗辩。而担保物权则相反，由于商业银行直接或间接支配或者可以取得借款人或第三人的某项特定财产，当商业银行的债权无法清偿的情况下，可直接以担保物的交换价值实现其到期债权。从而使担保物权相对保证在商业银行实现债权上具有一定的优势，即商业银行在实现债权的安全性上的优势。

担保物权相对于保证在同一债权中既有保证又有担保物权时也有一定优势。即担保物权在实现债权上优先于保证。我国《担保法》第二十八条规定："同一债权既有保证又有物的担保的，保证人对物的担保的以外的债权承担保证责任，商业银行放弃物的担保的，保证人在商业银行放弃权利的范围内免除保证责任。"依其规定，当一项债权同时而既有保证又有担保物权时，商业银行优先行使担保物权来实现自己的债权，不足部分的债权才由保证人承担保证责任。相反商业银行放弃行使担保物权的，保证人不再承担商业银行放弃担保物权范围内的保证责任，即对保证人免除其放弃权利部分的保证责任，其余部分才由保证人承担保证责任，只有当担保物权被确认无效或撤销时或担保物权因不可抗力的原因无法实现时，保证人才不免责。由此可以说明担保物权在担保方式上地位优先于保证。在清偿顺序上，担保物权优先行使后才能行使保证。因此担保物权同保证来讲具有优先权和免责权（当放弃担保物权时可以免除保证的责任）。

二十三、学会测算流动资金贷款需要量的主要方法

在实际工作中，由于小型企业财务数据不够系统和完整，难以满足现有测算方法对数据的要求，因而需要使用更简单方便的方法完善对流动资金贷款需求量的测算，以符合小型企业的财务实际和流动资金贷款测算的要求。

营运资金量 = 上年度销售收入 ×（1 - 上年度销售利润率）×（1 + 预计销售收入年增长率）/营运资金周转次数　（1）

其中：营运资金周转次数 = 360/（存货周转天数 + 应收账款周转天数 - 应付账款周转天数 + 预付账款周转天数 - 预收账款周转天数）　（2）

周转天数 = 360/周转次数　（3）

应收账款周转次数 = 销售收入/平均应收账款余额　（4）

预收账款周转次数 = 销售收入/平均预收账款余额　（5）

存货周转次数 = 销售成本/平均存货余额　（6）

预付账款周转次数 = 销售成本/平均预付账款余额　（7）

应付账款周转次数 = 销售成本/平均应付账款余额　（8）

整理后，营运资金量 =［（1 - 上年度销售利润率）×（平均

应收账款余额 - 平均预收账款余额）+ 平均存货余额 +（预付账款平均余额 - 应付账款平均余额）] ×（1 + 预计销售收入年增长率）= [（1 - 上年度销售利润率）× 应收账款净额平均余额 + 平均存货余额 - 应付账款净额平均余额] ×（1 + 预计销售收入年增长率） （9）

在测算了营运资金量的基础上，综合考虑中小企业其他渠道的资金来源，确定新增流动资金贷款量，即：新增流动资金贷款额度 = 营运资金量 - 借款人自有资金 - 现有流动资金贷款 - 其他渠道提供的营运资金

从公式（9）可以看出，营运资金的需求量，最后由"影响因素"（应收账款净额平均余额 + 平均存货余额 - 应付账款净额平均余额）的年末与年初时点数据决定，如果企业该两个时点的某个"影响因素"的余额变化较大，则测算出的营运资金量也随之变化，而企业"影响因素"在各时点的变化是频繁的，也相对容易被人为操纵。因此，在运用该计算方法时，要考虑企业各方面的财务运行情况进行综合判断。

上面的流动资金需求量测算公式适用于生产较为均衡的企业。在产品均衡生产与销售的企业、受季节性影响小的批发零售企业、生产各阶段周期性明显的企业基本能够得到质量保障。若生产周期波动较大，则测算结果会出现较大差异。使用中需要特别注意下面几点：

1. 灵活掌握"影响因素"的取数点。"影响因素"的起点和终点取数可以与每个生产周期相结合，以其起点与终点的数据为标准。如数据充分，且每个生产周期各"影响因素"的波动较大，可以计算多个生产周期的营运资金量，再进行算术平均，以达到合理估算的目的。

2. 对不同企业采取不同侧重的估算策略。如对存货占用量大的企业，可以侧重于对存货各时点的资金占用量进行测算，以得出较为准确的数据；对小企业，以其流动资金投入量作为存货资金平均占用量；对订单式、贸易融资性贷款等，以其合同交易金额作为估算基础。

3. 注意特殊情况的调整。从公式（1）到公式（9）的转化，其假设前提是销售收入增长与其销售成本呈同比例增长，如市场因销售价格波动导致的销售收入与销售成本不平衡，则销售成本和营运资金量要进行相应的调整。从公式（4）到公式（8）的假设前提是各“影响因素”期初与期末数据的变化基本与生产周期的变化相匹配，如波动过大，则需要根据实际情况调整。

各家银行授信审查部门在测算企业贷款额时，主要有两种方法：(1) 根据经验资产负债率结合同业占比控制线确定贷款数额，若企业资产负债率不超过 70%，则在可接受资产负债率的基础上结合行业信贷政策确定同业控制线不超过某一标准；(2) 根据抵押物价值和可接受的抵押率确定。需要说明的是，放贷银行还会认真考虑以下一些情况和办法来确认借款人的贷款需要量：(1) 根据实际情况和未来发展情况（如借款人所属行业、规模、发展阶段、谈判地位等）分别合理预测借款人应收账款、存货和应付账款的周转天数，并考虑一定的保险系数。(2) 对小企业融资、订单融资、预付租金或者临时大额债项融资，在交易真实的基础上，确保有效控制用途和回款的情况下，根据实际交易需求确定流动资金额度。(3) 对季节性生产借款人，可按每年的连续生产时段作为计算周期估算流动资金需求，贷款期限根据回款周期确定。

依据中小企业自身的会计核算资料，目前中小企业普遍采用以下贷款额度的测算方法，推算企业自身的流动资金贷款需要量。这三种方法分别是：

1. 销售百分比法，即根据企业资产、负债、权益类科目与收入的线性关系测算企业最佳资金需求。

第一步，依据可持续增长率（或成长率），初步预测下一年度的销售收入。所谓可持续增长率是指不增发新股并保持目前经营效率和财务政策条件下企业销售所能增长的最大比率。从根本上讲，企业的持续增长率是由企业长期稳定的经营效率（体现于资产周转率和销售净利率）、财务政策（体现于资产负债率和收益留存率）等综合决定的。超长增长只能是短期的，从长期看企业增长总是受到可持续增长率的制约。与可持续增长率原理相类似的还有企业成长率这一指标。

企业成长率 =（1 - 股利支付率）×［经常性总资产回报率
+ 有息负债率 ×（经常性总资产回报率
- 1 年期贷款利率）］

该公式即是通过贷款企业过去的盈利能力（最近一年的总资产报酬率）、股东的再投资倾向（股利支付率）及其所拥有或控制的资源的结构（财务杠杆，即有息负债率）来计算企业成长率。

第二步，估计需要的资产。根据历史数据可以分析出企业资产总额和销售额的函数关系，依据这两者之间的函数关系，可以预测出未来期间所需资产的总量。同时，某些流动负债与销售额之间也存在函数关系，我们可以依据上述原理预测出未来期间负债的自发增长，而这种增长可以减少企业外部融资的数额。

第三步，估计收入、费用和保留盈余。我们可以根据可持续增长率或成长率计算未来期的销售收入，并根据以往年度平均净利率和股利支付率，决定保留盈余所能提供的资金数额。

第四步，估计所需融资。根据预计资产总量，减去已有的资金来源，负债的自发增长和内部提供的资金来源便可得出企业最佳贷款额。

根据以上步骤，可得出下面所列公式：融资需求 = 新增销售额 ×（变动资产销售百分比 - 变动负债销售百分比）-［计划销售净利率 × 计划销售额 ×（1 - 股利支付率）］

假设某企业 2018 年计划年度销售额 5 500 万元，实收资本一直保持不变，股利支付率、销售净利率不变，经计算 2017 年的可持续增长率为 10%，则该企业 2018 年需向银行借入资金 =（5 500 - 4 000）×（100% - 20%）-［8% ×5 000 ×（1 + 10%）×（1 - 40%）］= 936（万元）

假设本例中长期投资和固定资产与销售额均无稳定关系，其他条件不变，则该企业 2018 年需向银行借入资金 =（5 500 - 4 000）×（35% - 20%）-［8% ×5 000 ×（1 + 10%）×（1 - 40%）］= - 39（万元）。

负值说明该企业收入增长不变的情况下，会有剩余资金 39 万元。事实上，企业的流动资产和流动负债一般都与销售收入存在稳定的线形关系。而固定资产生产能力未达到饱和之前，与销售收入无关。只有当固定资产生产能力突破饱和状态后才与销售收入存在相关关系。至于其他的如长期投资等项目，则基本与销售收入没有关联性。该企业 2017 年度资产负债表主要指标数据如表 26 所示。

表 26　该企业 2017 年度资产负债表主要指标数据

项　目	金额（万元）	占销售额的百分比
现金及银行存款	200	5%
应收账款	800	20%
存货	400	10%
长期投资	600	15%
固定资产	2 000	50%
资产总计	4 000	
短期借款	600	无稳定比例
应付账款	800	20%
长期负债	600	无稳定比例
实收资本	1 200	无稳定比例
留存收益	800	无稳定比例
负债及所有者权益总计	4 000	
销售额	4 000	100%
净利润	320	8%
现金股利	128	

2. 倒推法，根据月收入净额倒推最大可贷款额度。这种方法是在小型企业或私营业主未向银行提供财务报表或其财务报表基本不可信的情况下所采用的方法，但需要以企业经营活动现金流为主要测算依据。在测算企业最大可贷款额度时，会尽量要求小型企业或私营业主向银行提供其全面的收入和支出的单证和票据，包括银行对账单、个人结算账户流水、存折清单、运输单据等来测算，此时的财务报表仅作为一般参考依据。测算时，必须要剔除掉小型企业或私营业主资金流水中的非经常性收支（偶然大额收益、大额资产购置支出）。测算周期最好是连续 12 个月，至少不应少于 6 个月。如果仅能获得

一个季度的经营流水，则必须要充分考虑到销售淡旺季的影响，对资金流水做必要的修正。具体方法是以借款人或企业每月资金收支净额作为还贷来源，假设在贷款期内能够保持一致经营态势，通过年金现值系数表，倒算出最大贷款额度。银行不应超过此限额发放贷款，否则借款人没有足够的还贷资金来源。测算公式是：每月收支净额 = 平均每月收入 - 支出（剔除偶然收入及大额支出）

假定根据某个小型企业资金流水，得出其每月收支净额为10万元。大多数贷款期限设定为5年，执行5年期基准利率7.11%，则查年金现值表，可知在期限为5年，年利率6%时，年金现值系数为4.212；年利率8%时，年金现值系数为3.992。我们通过插值法可求得期限5年，年利率7.11%时，年金现值系数为4.0899。假设最佳贷款数额是x，则有等式如下：最大贷款额 = 每年收支净额合计 ×（p/A,5,7.11%）= 10 × 12 × 4.0899 = 490.788（万元）。

假如贷款期限设定为3年，执行3年期基准利率6.57%，则查年金现值表，可知在期限为3年，年利率6%时，年金现值系数为2.673；年利率8%时，年金现值系数为2.577。通过插值法可求得期限3年，年利率7.11%时，年金现值系数为2.6197。假设最大贷款额为x，则有等式如下：最大贷款额 = 每年收支净额合计 ×（p/A,3,7.11%）= 10 × 12 × 2.6197 = 314.364（万元）。

3. 营业周期法，其测算最大贷款量的主要依据是企业的营业周期。一个正常的企业在获得银行贷款后，会立即投入生产或经营，在一个年度内完成一次或几次完整的周转后，归还银行短期流动资金贷款，而自身实现利润累积和资产增值。但同时还需要考虑销售周期拉长、存货增加、应收账款在信用期内不能收回等情况来进行必要的修正。

营业周期 = 存货周转天数 + 应收账款周转天数

营业周转次数 = 360/营业周期

合理资金需求 = 预测期销售收入/营业周转次数 + 预测期新增销售收入 ×（以往连续三年平均存货 + 应收账款）/以往连续三年平均销售收入

采用营业周期法的前提是，企业的营业周转次数要比较正常，一般情况下应不得低于行业平均值，极小值为工业企业一年营业周转次数不得低于 1 次，商业企业不得低于 2 次。如营业周转次数低于此水平，即表示企业资金周转过慢，就不能发放贷款。同时，企业的存货和应收账款总额、账龄以及未来预测期的增长水平都应当在正常范围以内，否则该公式的运用基础便不复存在了。这之中尤其要对企业存货和应收账款账龄进行分析，如某企业 1 年以上的存货、应收账款超过其账户余额的 50% 会引起放贷银行的特别关注，商业银行会分析企业最终回收资金的可能性，并判断企业是否按谨慎原则充分提取了资产减值准备。

二十四、抵押质押放贷的额度怎么这样低

许多初次接触商业银行并有抵押质押贷款项目的小微企业，都会感觉到抵押质押贷款的放款量并没有自己感觉到的那样多。而且各家商业银行的抵押质押贷款实际放款量宽紧不一。其实，商业银行在考虑抵押贷款的放款量时，会综合考虑抵押物的已使用年限、地理位置、变现能力、未来升值空间、同类设备技术发展水平等多个因素进行综合考虑，并确认一个风险较低的合理抵押率水准，而不仅仅是考虑抵押品的现有评估价值高低。而对于质押贷款的放款量，商业银行会根据借款人的资信程度、贷款期限、贷款风险、质押物折旧、质押物的变现程度等因素确定抵押率。

农业银行抵押贷款管理办法规定应当根据借款人的资信程度、贷款期限、贷款风险、抵押物折旧、抵押物的变现程度等因素确定抵押率。其抵押率是贷款本息总额与抵押物评估价值的比率，抵押率一般不得超过80%。对国有土地使用权，属于划拨土地的，按照剔除国有土地出让金后评估值的70%～75%进行抵押；属于出让土地的，按照评估值的70%进行抵押；对房地产和机器设备，一般按照抵押评估值的70%～

80%进行抵押。

建设银行规定抵押率是贷款本息总额与抵押物评估价值的比率，建设银行发放抵押贷款抵押率不得超过70%。

邮储银行在抵押率的计算方法方面与农业银行和建设银行相同，但强调综合考虑借款人的资信状况、偿债能力、贷款期限、贷款风险度，抵押物所处位置、使用年限、折旧程度、功能状况、估价可信度、变现能力、变现时可能发生的价格变动、变现费税等因素，根据抵押物的不同种类确定合理的抵押率。同时规定原则上：房产（含占用范围内的建设用地使用权）的抵押率原则上不得超过70%，但对于小企业贷款客户，可考虑在信用评级的基础上做适当调整；建设用地使用权的抵押率不得超过70%（如以划拨方式取得，抵押物价值应扣除土地出让金），但对于小企业贷款客户，可考虑在信用评级的基础上做适当调整；在建工程的抵押率不得超过60%；航空器、船舶的抵押率不得超过60%，总行另有规定的除外；森林、林木和林地使用权、海域使用权、矿业权的抵押率不得超过60%；车辆等交通运输工具的抵押率不得超过60%；个人汽车消费贷款和经营性车辆按揭贷款中以车辆、工程机械抵押的，抵押率不得超过70%；浮动抵押的抵押率不得超过50%，且应从严掌握，总行另有规定的除外；机器、设备及其他动产的抵押率不得超过50%，且应从严掌握。对采用组合担保方式的，经总行同意，可适当突破上述抵押率要求（同样适用于质押）。

工商银行规定抵押物现值根据不同种类财产的现行市场价格、账面净值和变现程度，由工行与抵押人共同协商估价，对估价有争议的可以委托有资格评估机构估价；采用抵押担保方式的，贷款一般不超过抵押物变现值的70%。至于不同的抵押物选择问题，工商银行规定根据抵押物不同性质、价值和变现能力，审查人员可以参照以下顺序选择抵押物，并确定抵押率：城市房地产重点考虑房地产的位置和变现能力，抵押率不超过70%；土地使用权重点审查土地的位置、规划用途和开发程度等，抵押率不超过70%；林木主要审查林木种类、市场供求关系，抵押率不超过70%；在建工程的抵押率不超过50%；车辆、船舶主要审查车辆船舶的新旧程度、使用年限和行驶里程，抵押率一般不超过60%；机器设备主要审查机器设备属于专用设备还是通用设备，以及新旧程度和使用年限，通用设备抵押率不宜超过40%，专用设备一般不予接受抵押，如果接受抵押率不宜超过20%；工商银行一般不得接受难以变现的抵押物，如堤坝。

个人经营性住房抵押贷款业务目前各家商业银行都在正常进行，但是各家商业银行在具体执行中的额度差异较大。工商银行规定抵押贷款金额最高不超过抵押物价值的70%，其中以办公用房、厂房、土地抵押的，贷款金额最高不超过抵押物价值的60%。浦发银行住房抵押额一般在70%左右，但信用好，有担保的优质客户最高可以做到90%；民生银行对抵押率的规定是：以普通住宅作抵押的，贷款抵押率最高不超过70%；以高档住宅（房价高于当地平均住宅价格三倍以上）、高档公寓、别墅作抵押的，抵押率最高不超过60%；以商业用房（含写字楼、商铺）、商住两用房或标准化仓库、厂房作抵押的，抵押率最高不超过50%。中信银行则对抵押贷款规定经营实体注册所在地原则上应在分行辖内分支机构所在区域。抵押率应满足以下规定：以住宅抵押的，抵押率最高不超过抵押物价值的70%；以商业用房（含写字楼、商铺）、商住两用房作抵押的，抵押率不超过抵押物价值的60%；以标准厂房、土地使用权作抵押的，抵押率不超过抵押物价值的50%。对于经营实体注册跨区域，仅限于以分行省内或直辖市内的住宅抵押且抵押率不超过50%。

农商银行对于金融类股权质押贷款额度要求根据借款申请人合理的资金需求、生产经营情况、资产负债状况、收入情况、自有资金投入情况等因素综合确定，最高不超过所提供质押股权评估价值的50%（或按照每股净资产计算的股权价值的90%）。

工商银行对经确认后的单位定期存单用于贷款质押时，其质押的贷款数额一般不超过确认数额的90%。工商银行对个人存单质押贷款的质押放款量规定：以工商银行人民币存款、国债质押的，贷款额度最高不得超过质物面额的90%；以工商银行外币存款、人寿保险单、个人外汇资金和他行定期存款单质押的，贷款额度最高不得超过质物面额或保单现金价值的80%（外币存款和个人外汇资金按当日公布的外汇现钞银行买入价折算）；以开放式基金为质押物的，贷款金额最高不超过该基金上一交易日市值的60%；以多张或多个质物质押的，质押率应分别执行相应规定。

中信银行对存货质押贷款规定存货的质押率不得超过70%；但质押货物价值的确定遵循发票价值和当前市场孰低原则，由分行信贷产品部门进行确定。

中国银行规定个人凭证式国债质押贷款的放款量每笔贷款应不超过质押品面额的90%。

目前邮储银行在质押率的规定方面是所有商业银行中范围

比较广的一家。在确定出质动产的质押率时，同样要求综合考虑出质动产的种类、所处位置、使用年限、折旧程度、功能状况、估价可信度、变现能力、变现时的价格变动、变现费税等因素。同时规定原则上动产的质押率不得超过50%；对于易变现、价格波动幅度小，且以其处置价值为第一还款来源的特殊动产的质押率不得超过70%，但对于小企业贷款客户，可考虑在信用评级的基础上做适当调整。具体来讲：同币种（指质押物的币种与业务币种相同）存单、现汇/现钞（外汇必须为国家外汇管理局规定可兑换的币种）的质押率不得超过90%；币种不同时，质押率不得超过80%，并应充分考虑汇率风险；保证金的质押率为100%；国家债券的质押率不得超过90%；金融债券的质押率不得超过80%；企业债券的质押率不得超过70%；国家政策性银行、国有商业银行、全国性股份制商业银行出具的银行本票、银行承兑汇票的质押率不得超过90%，但以国家政策性银行、国有商业银行、全国性股份制商业银行的银行承兑汇票质押办理银行承兑汇票业务，且所质押汇票到期日早于新办理汇票到期日的，质押率最高可不超过汇票金额的100%；其他银行（含外资银行）出具的银行本票、银行承兑汇票的质押率不得超过80%；仓单、提单的质押率不得超过70%，但总行另有规定的除外；普通应收账款质押率不得超过60%，但总行另有规定的除外；上市公司非流通的国有股、非上市股份有限公司股份、有限责任公司股份及外商投资企业股权的质押率不得超过50%，且应从严掌握；基金份额、上市公司流通股股票质押的，质押率不得超过60%；其中，市值比较稳定的货币市场基金和债券基金的质押率不得超过70%；公路收费权的质押率不得超过70%；

农村电网建设与改造工程电费收费权的质押率不得超过70%；人寿保险单的质押率不得超过90%；商标专用权、专利权、著作权中的财产权的质押率一般不超过50%，并应从严掌握。以法律法规允许质押的其他动产、权利进行质押的，质押率由具体业务制度予以规定；对采用组合担保方式的，经总行同意，可适当突破上述质押率要求。

二十五、借款人签订抵押贷款合同时应注意的主要问题

不管是企业或者个人在申请抵押贷款的时候，都要经历申请过程，在这个过程中借款人要准备好借款相关的所有资料，并且需要签订相关的抵押贷款合同，而在合同中借款人还需要注意一些事项，且这些内容也是抵押贷款合同具备的法律效力的基本条件。

借款人应弄清楚被担保人主债权的种类及其数额的规定。同时还应该弄清是否有明确的还款日期，即借款人履行债务的最后期限。由于是抵押贷款合同，因而对于抵押物的相关情况要进行详细的了解，包括抵押物的类型，抵押物的质量和数量情况，同时抵押物目前所处的地区，以及目前抵押物在所有权方面问题，包括有无共同所有权问题。既然是抵押贷款合同，提供贷款的银行就应该给借款人明确的抵押品范围。

抵押合同或是由借款人和商业银行之间双方共同拟定，或者是采用商业银行提供的格式合同。借款人应该清楚的了解主要条款的内容及其释义。当前银行在签订抵押贷款合同的时候一般选择是在主要的债权合同中同时签订，另一部分是通过单独的方式进行签订。无论哪一种方式，必须通过相关的法律部

门认定，并且如果对于相关合同发生异议，那么可以签订相关的附件进一步的进行规范。

不管是选择住房作为抵押物还是选择汽车、厂房作为抵押物，借款人与商业银行必须要去相关部门办理抵押登记的手续，如果签订了抵押合同但是没有办理登记手续也是无效的。抵押登记手续办理的目的就是能够抵抗第三人，而这是确保抵押物所有权的重要依据。同时还应该闹明白抵押是抵押的物权价值而不是所有权，在合同中出现所谓“到期如不能还款，此物归谁所有”的条款是不成立且没有法律效力的规定。

抵押贷款合同和保证合同的格式如下所示。

中国××银行小微企业贷款合同（参考格式）

合同编号：京小2014××

贷款方：________________

地　址：________________

邮　编：__________电　话：__________

借款方：________________

银行账号：______________

地　址：________________

邮　编：__________电　话：__________

根据《中华人民共和国合同法》的规定，经贷款方、借款方、担保方协商一致，签订本合同，共同信守。

第一条　贷款种类：________________

第二条　借款金额（人民币大写）：__________

第三条　借款用途：________________

第四条　________________作为担保。

第五条 借款期限：____________

借款期限自____年____月____日起，至____年____月____日止。借款实际发放和期限以借据分____次发放和收回。借据应作为合同附件，同本合同具有同等法律效力。

第六条 还款资金来源及还款方式：____________

1. 还款资金来源：____________

2. 还款方式：________________

第七条 违约责任

1. 签订本合同后，贷款方应在借款方提出借据 1 日内（假日顺延）将贷款放出。

2. 借款方如不按合同规定的用途使用借款，贷款方有权收回部分或全部贷款，对违约使用部分，按规定加收罚息。

3. 借款方应按合同规定的时间还款。如借方需要将借款展延，应在借款到期前 5 日向贷款方提出申请，有保证方的，还应由保证方签署同意延长担保期限，经贷款方审查同意后办理延期手续。如借款方不按期偿还借款，贷款方有权限期追回贷款，并按规定收逾期利息和罚息。如企业经营不善发生亏损或虚盈实亏，危及贷款安全时，贷款方有权提前收回贷款。

第八条 解决合同纠纷的方式，执行本合同发生争议。由当事人双方协商解决。协商不成，双方同意按____项处理。

（1）由仲裁委员会仲裁

（2）向人民法院起诉

贷款方签字：__________ 借款方签字：__________

保证方签字：__________

____年____月____日

中国××银行小额贷款担保合同（参考格式）

编号：京小2014××

借款人（甲方）：　　　　　　　　身份证号码：

出借人（乙方）：　　　　　　　　营业执照代码：

担保人（丙方）：　　　　　　　　身份证号码：

因甲方向乙方借款人民币______万元，应甲方要求，丙方愿意以保证的方式为甲方向乙方借款提供担保，并承担保证责任。乙方经审查，同意丙方作为担保人。甲、乙、丙三方依照国家法律、法规的有关规定，经协商一致，订立本合同。

第一条　丙方的保证责任

丙方同意甲、乙双方于______年____月____日签订的《借款协议》中的所有条款，并向乙方保证甲方能够按照上述合同中的规定履行相关义务。如甲方不履行或不完全履行其义务，则丙方在《借款协议》签订的还款时间后，并接到乙方书面通知五天内向乙方清偿以上全部借款及相关费用和损失。

第二条　丙方保证担保的范围

1. 上述《借款协议》约定的，为履行保证义务代甲方偿还借款的全部款项和自付款之日起的利息以及其他费用和损失金额。

2. 上述《借款协议》约定的，甲方应向乙方支付的违约金、赔偿金以及实现债权的费用金额。

第三条　丙方的保证期限

从《借款合同》约定的借款时间即日起计算，至甲方还清乙方的全部借款本金和利息为止。

第四条　保证方式

丙方在其保证范围内承担连带保证责任。

丙方放弃作为担保保证人的任何抗辩权。

第五条　丙方的义务

1. 丙方机构在担保期限内若发生分立、合并、重组、变更、撤销等情况，应提前5个工作日书面通知乙方并征得乙方同意。乙方同意后，本合同项下的全部义务由变更后的机构承担，或由甲方提供能为乙方所接受的新的保证人。

2. 如发生可能对其履行本合同项下担保义务产生影响的事件（包括但不限于停产、歇业、被停业整顿、被吊销营业执照、被撤销、被申请破产、法定代表人或主要负责人从事违法活动被采取司法措施或被追究行政或刑事责任、股东变动或股东所持股份变动、涉及诉讼或仲裁、生产经营出现严重困难以及财务状况恶化等），均应立即书面通知乙方；若甲方变更名称、住所、企业章程、法定代表人（或负责人）等事项，应在变更后5个工作日内书面通知乙方。

3. 丙方不得行使影响丙方履行保证义务的其他行为。

4. 丙方承诺：签订和履行本合同是丙方真实意思的表示，并经过所有必须的同意、批准及授权，不存在法律上的瑕疵，如由此造成的法律后果由丙方承担。

第六条　违约责任

如丙方违反本合同的约定，丙方按照甲方借款金额支付每日百分之一的违约金。给乙方造成经济损失的，丙方应另行赔偿乙方的经济损失。

第七条　生效时间

本合同由甲、乙、丙三方签字后生效。有关本合同的任何补充、修改、变更等均由三方共同协商一致并订立书面协议。

甲方：（签字） 乙方：（签字）

丙方：（签字）

合同签订日期： 年 月 日

二十六、小额无抵押贷款的申请材料怎样准备

小额无抵押贷款又称作小额无担保贷款，或者小额信用贷款，是指小型企业在不提供抵押物的情况下，凭借企业的经营能力和信用所获得的银行贷款。目前国内可以向小型企业提供无抵押贷款的商业银行并非多数，因而相应的贷款管理办法及其有关规定非常难见。但从目前经营此类业务的商业银行所提供的贷款业务特征来看，小额无抵押贷款的申请条件主要有：银行要求企业持续经营必须满三年；企业最近半年的开票营业额必须在规定标准以上；开具增值税发票；能够准确提供近两年的财务报表，最近一个月的财务报表，近6个月的发票情况；借款申请人近三个月的个人贷款不能逾期，企业资产负债率不能超过70%。而企业申请无抵押贷款需要提交以下资料：营业执照正副本及其复印件；公司章程及其所有相关修改和变更；最新验资报告；中国人民银行贷款卡及其复印件；中国人民银行核发的开户许可证及其复印件；拥有超过15%公司股份的股东身份证；近6个月银行流水对账单；公司近6个月财务证明。

建设银行向小企业提供的小额无抵押贷款的基本条件规定

是：经工商行政管理部门核准登记，且年检合格；有必要的组织机构、经营管理制度和财务管理制度；有固定经营场所，经营稳定，产品有市场、有效益；能遵守国家金融法规政策及银行有关规定；借款用途和还款来源合规、明确。其贷款准入条件是：符合建设银行小企业行业信贷政策；小企业信用评级的系统评级结果在 a + 级及以上；人民银行征信报告中显示企业不存在未结清不良贷款、已结 清不良贷款及欠息等不良信用记录；办公及生产场所应为自有物业，如为租赁物业，租赁合同应在 3 年以上，且租赁合同到期日至少长于我行贷款申请日起 2 年。设备应为自有；在他行有贷款的企业，贷款应在三个月内到期，且企业同意贷款到期后转由建设银行办理；企业主（控股股东）或企业实际控制人夫妻双方承担连带责任保证，企业主（控股股东）或企业实际控制人所控制的其他企业无不良贷款或不良信用记录；保证人在人民银行征信系统中近两年内逾期 30 天以内的次数不超过 2 次，且近两年内不存在逾期 60 天以上的信用记录。建设银行小企业客户贷款额度最高 100 万元，且不超过客户上年度销售收入的 10%，最低贷款额度为 50 万元。借款额度有效期最长不超过 1 年（含 1 年），且应在额度授信有效期内，在借款额度有效期内借款人可随时申请支用额度借款。建设银行小额无抵押贷款额度实行年审制管理。在小企业小额无抵押贷款额度到期一个月前，由客户经理或评价授信人员收集客户资料报审批人对贷款额度进行审批。贷款年审次数不超过 2 次。若通过审批，则该小额无抵押贷款额度及贷款期限自动延长一年。若未通过审批，则通知客户按时偿还贷款。

渣打银行向小型企业提供的小额无抵押贷款的基本条件规

定是：借款人身份可以是个体工商户或个人独资企业、合伙企业、有限责任公司或股份有限公司；企业注册经营时间至少3年；最低年营业额人民币300万元。渣打银行提供的小额贷款可以选择按月分期还款，以更好配合企业正常经营现金流，减少利息负担和到期一次性还本的流动资金压力。渣打银行对无抵押贷款需要准备的文件要求是：小额无抵押贷款申请表；营业执照及其复印件，企业章程，内部决议或决定（如适用），验资报告；最近六个月的含税收入证明；银行对账单；以及个人保证人身份证复印件。该产品无财产担保要求，但是需要提供个人保证担保。贷款金额在人民币10万元至100万元之间。期限1～3年。

个人无抵押贷款是以个人或家庭为核心的经营类贷款，其主要的服务对象为广大工商个体户、小作坊、小业主。贷款的金额一般为10万元以下，1 000元以上。既然是无抵押贷款，因而不需要任何抵押物，只需身份证明，收入证明，住址证明等材料（具体证明材料要看是什么银行）向银行申请的贷款，银行根据的是个人的信用情况来发放贷款，利率一般稍高于有抵押贷款。借款人可根据个人的具体情况来选择贷款年限，然后跟银行签订借款合同。个人无抵押贷款申请的基本条件是：年满十八周岁中国大陆居民；有稳定的住址和工作或经营地点；有稳定的收入来源；无不良信用记录，且贷款用途不能作为炒股，赌博。

借款人申请个人无抵押贷款须提供有效的个人身份证明，像身份证，居住证，户口本，结婚证；能够提供稳定的住址证明，房屋租赁合同，水电缴纳单，物业管理等相关证明；能够提供稳定的收入来源证明，银行流水单，劳动合同。

从目前国内商业银行所能提供的个人无抵押贷款产品来看，平安银行的“新一贷”是中国平安集团旗下平安银行推出的无担保个人贷款业务，主要面向工薪族及私营业主，可用于个人经营，最高可贷50万元。而“平安易贷”是中国平安集团旗下平安财产保险推出的一种信用保证保险。投保人为贷款客户自己，被保人为放款银行，承保人为平安财产保险公司，承保的是贷款客户的信用风险。邮政储蓄银行提供的个人无抵押贷款金额严格控制在10万元以内。而且需要借款人提供担保。渣打银行在国内五大城市推出的无担保个人贷款“现贷派”，最高贷款金额为20万元，最低贷款额为8 000元；最长贷款期限为4年，最短为6个月。消费者只需具备稳定的职业和收入，无需任何担保或抵押，即可向渣打银行提出申请。中国银行与证大速贷合作在国内五大城市推出的无担保个人贷款“现贷派”，其最高贷款金额为30万元，最低贷款额为5 000元；最长贷款期限为4年，最短为6个月。消费者只需要具备稳定的职业和收入，无需任何担保或抵押，即可中国银行银行提出申请。

无抵押贷款在实践中会由于自然人和企业办理而有所不同。具体区别如下：

1. 手续不同。个人无抵押贷款办理过程中，对借款人的资质要求较高，申请无抵押贷款一般需要个人身份证、收入证明、居住证明、稳定的居住地址、个人流水对账单、贷款用途证明等。企业无抵押贷款办理过程中，其办理无抵押贷款的手续比个人无抵押还要多，除去需要近6个月的对公账单或银行流水证明外，还需要企业营业执照、征信报告和企业经营场地租赁合同、财务报表等。因为企业融资通常需求较大，所以银行需要考察企业的注册资金及规模条件。

2. 贷款利率不同。个人无抵押办理过程中，其贷款的利率一般稍高于抵押贷款，且根据个人资质不同，还会有所区别。而企业无抵押办理过程中，由于企业融资所需要的额度比较高，银行可以批贷的额度也较高，因此利率方面略高于个人无抵押贷款，一般资质良好的企业年息在8% ~10%之间，在所有贷款中利率是最高的。

3. 贷款额度不同。个人无抵押办理过程中，其贷款额度大小一般是根据借款人的收入确定，通常是借款人月工资收入的10倍左右。可以贷款的额度在3万元至100万元之间，然而100万元的额度要求的门槛极高，银行考察家庭年收入到达90万元或100万元才有可能获批。而企业无抵押办理过程中，由于所需要的周转资金一般都比个人所需资金要高，所以能贷款的额度也比个人无抵押要大一些，目前通常在50万元至200万元之间。但是银行一般都要审查公司的注册情况及整体营运规模，因此贷款的门槛比个人无抵押贷款要高。

4. 放款周期长短不同。个人无抵押办理过程中，银行在审核借款人的资料后，一般3 ~7个工作日就可完成放款，可见个人无抵押的放款速度还是比较快的。而企业无抵押办理过程中，银行对企业所需要审核的材料比较多，因此放款时间也比较慢，一般最快也要15个工作日才能放款。

有一些地区，有政策支持的情况下，如果你是农户，并能提供你的项目证明，并且在盈利的情况下，或是能提供担保的情况下，是能申请到农户无抵押贷款的。但需要注意的是，此类贷款一般是专门针对从事种植业、养殖业、产后加工销售及相关农业供应链上下游的涉农企业和农户。符合条件的农户、农业企业向农信社或农商银行、互联网金融平台提出贷款申请后，申请贷款的农户需要接受调查，其相关内容主要有户口、婚姻、个人信用记录、借贷还款记录、人品口碑、个人收入情况、生产项目情况，但重点是调查生产项目情况、个人收入和信用记录。互联网金融平台、农信社或农商银行会根据推荐信息给予贷款额度，并按生产需求发放贷款产品。需要提醒大家的是，正规小额无抵押贷款贷前不会收取任何费用。无论是手续费、利息费、管理费，还是为证明自己还款能力的什么存款这类的费用，正规的无抵押小额贷款都是不会要求借款人提前支付的。尽管正规无抵押小额贷款都是会有一定的贷款费用产生，但费用不会高得离谱。如果是费用特别高的话，那一定是有蹊跷在其中了。

二十七、贷款进账还账的会计手续怎样办理

借款合同签订后，放贷银行会通知借款人在该银行履行开户手续。借款人财务部门应填写一式五联的借款凭证。第一联为借据，由银行会计部门留存，按贷款种类、到期日的先后顺序排列保管；第二联代转账借方传票；第三联代转账贷方传票；第四联作为回单退给借款人；第五联由银行信贷部门留存备查。借款合同经银行信贷部门审查同意后，在借款凭证上加注贷款编号、贷款种类、贷款期限、贷款利率等项目。在加盖“贷款审查发放专用章”之后，送会计部门凭以办理贷款的发放手续。

银行会计部门在接到借款凭证后，会认真审查各栏填写是否正确，大小写金额是否一致，印鉴是否相符，有无信贷部门的审批意见。无误后，以借款凭证的第一联代转账借方传票、第二联代转账贷方传票办理转账，并将有关信息输入微机。转账后，第三联借款凭证盖章后作为回单交给借款人，第四联由信贷部门备查留存，第五联按贷款到期的先后顺序专夹保管。借款凭证的格式如表 27 所示。

表 27 **中国××银行借款凭证** 编号：××××

借款单位名称： 年 月 日 利率：%

<table>
<tr><td>借款种类</td><td></td><td>贷款账号</td><td colspan="5"></td><td colspan="5">存款账号</td><td></td></tr>
<tr><td rowspan="2">借款金额</td><td colspan="2" rowspan="2">人民币（大写）</td><td>千</td><td>百</td><td>十</td><td>万</td><td>千</td><td>百</td><td>十</td><td>元</td><td>角</td><td>分</td><td rowspan="2">用途：</td></tr>
<tr><td></td><td></td><td></td><td></td><td></td><td></td><td></td><td></td><td></td><td></td></tr>
<tr><td colspan="3" rowspan="7">兹借到上列贷款，到期时请凭此凭证收回。

借款单位 负责人
盖章 盖章</td><td colspan="5">约定还款期限</td><td colspan="6">年 月 日</td></tr>
<tr><td colspan="11">分次还款记录</td></tr>
<tr><td colspan="4">日 期</td><td colspan="3" rowspan="2">偿还本金</td><td colspan="3" rowspan="2">结欠本金</td><td rowspan="2">复核</td></tr>
<tr><td colspan="2">月</td><td colspan="2">日</td></tr>
<tr><td colspan="2"></td><td colspan="2"></td><td colspan="3"></td><td colspan="3"></td><td></td></tr>
<tr><td colspan="2"></td><td colspan="2"></td><td colspan="3"></td><td colspan="3"></td><td></td></tr>
<tr><td colspan="2"></td><td colspan="2"></td><td colspan="3"></td><td colspan="3"></td><td></td></tr>
</table>

在贷款期限截止日前，放贷银行会向借款人发送贷款到期通知书，督促借款人主动归还贷款。贷款到期通知书的格式如表 28 所示。

表 28 **中国××银行信贷业务到期通知书** 编号：××××

（借款人/申请人）________：

根据______年______月______日第________号借款/保函/信用证/银行承兑汇票/合同（协议），贵单位向我行借款/申请__________信贷业务__________万元。此项信贷业务将于______年______月______日到期。请你方抓紧落实还款/对外支付资金总计__________万元本金、____________万元利息，并最迟不超过到期日将这些资金交存我行。

特此通知。

中国××银行 支行（部）

年 月 日

借款人按期归还贷款时，应填写一式四联的还款凭证交给银行。放贷银行会计部门收到还款凭证后，会与贷款分户账进行核对，并核实借款人存款户是否有足够的存款余额。无误后，以第一联代借方传票、第二联代贷方传票办理转账。还款凭证第三联注明收回日期送交信贷部门，第四联作为回单交给借款人，原保管的第五联借款凭证加盖“注销”戳记交还借款人。借款人若采用转账支票归还借款，银行应以转账支票作借方传票。属于按分期还款计划还款的，应登记还款记录，结计还欠金额，经办人员盖章后，借据继续保管。属于一次还清借款的，应将原借据作为第四联的附件加盖转讫章及经办人员名章后退给原借款人。

放贷银行与借款人事先有约定的，在借款到期时会由银行办理主动扣收。由银行自行填制一式三联特种转账传票，第一联代借方传票、第二联代贷方传票、第三联代收款通知，连同注销后的借款凭证第五联及贷款利息清单一并交给借款人。还款凭证及贷款利息清单的格式如表29和表30所示。

表 29 **中国××银行** 还款凭证

年 月 日 №2007335

银行打印	单位名称：	还款账号：	贷款账号：
	约定还款日期：		还款方式：
	还款金额：人民币（大写）	¥	流水号：

<table>
<tr><td rowspan="3">还款人</td><td>单位名称</td><td></td><td rowspan="3">收款人</td><td>单位名称</td><td></td></tr>
<tr><td>还款账号</td><td></td><td>收款账号</td><td></td></tr>
<tr><td>开 户 行</td><td></td><td>开 户 行</td><td></td></tr>
</table>

续表

<table>
<tr><td>贷款账号</td><td colspan="2"></td><td colspan="2">贷款种类</td><td colspan="9"></td></tr>
<tr><td>合同编号</td><td colspan="2"></td><td colspan="2">借据序号</td><td colspan="9"></td></tr>
<tr><td>还款方式</td><td colspan="2">按全额 □　按期数 □</td><td colspan="2">还款期数</td><td colspan="9"></td></tr>
<tr><td rowspan="2">还款金额</td><td rowspan="2">人民币（大写）</td><td rowspan="2"></td><td>亿</td><td>千</td><td>百</td><td>十</td><td>万</td><td>千</td><td>百</td><td>十</td><td>元</td><td>角</td><td>分</td></tr>
<tr><td></td><td></td><td></td><td></td><td></td><td></td><td></td><td></td><td></td><td></td><td></td></tr>
<tr><td>还款类型</td><td colspan="13">提前还款□　归还逾期□　归还当期利息□　违约金□</td></tr>
<tr><td>其中：提前还款</td><td colspan="13">一起性还清□　提前部分还款□　贷款转出结清□
归还当期本息□</td></tr>
<tr><td>提前还款后选择</td><td colspan="13">还款期内仍继续扣款□　还款期内不再扣款□
缩短还款期□</td></tr>
<tr><td colspan="3">备注：</td><td colspan="11">客户签字：</td></tr>
</table>

表 30　　中国××银行贷款利息清单

账别：　　　　年　月　日　　　　第　页　共　页

序号	账号	户名	天数	积 数	利率	利息	付息账号	金额
合　计								

银行签章	会计科目（借） 对方科目（贷）

二十八、注意无抵押贷款合同中的保护性条款

按照常规的要求，借款人要向商业银行申请贷款，是要提供固定资产做抵押，或者提供流动资产与重要权利做质押、或者需要担保人做担保，因为银行发放任何一笔贷款都有严格的风险控制标准。但现实中大多数的借款人是不能提供抵押物、质押物和担保人的。小额无抵押贷款的推出，恰好解决了刚刚创业的贷款人无抵押无担保的难题，且企业和个人无抵押贷款是在不提供抵押物的情况下，凭借着企业或个人能力及信用记录所获得的银行贷款。但就目前国内商业银行的贷款实践来看，放贷银行通常会在无抵押贷款合同中增加保护性条款的约定。主要目的是出于几个方面的考虑：

一是预防交叉违约现象发生。信贷风险的形成是一个从萌芽、积累直至发生的渐进过程。在还款期限届满之前，借款人财务商务状况的重大不利变化很有可能影响其履约能力，贷款人除了可以通过约定一般性的违约条款、设定担保等方式来确保债权如期受偿之外，还可以在合同中约定“交叉违约条款”。交叉违约的基本含义是：如果本合同项下的债务人在其他贷款合同项下出现违约，则也视为对本合同的违约。一般来

说，债权人都是以当事人未履行其在本合同项下的义务为由，追究债务人的违约责任，但交叉违约条款突破了这一限制，即试图赶在借款人其他贷款合同项下的债务出现偿还危机之前采取救济措施，以避免自己处于比其他债权人更糟的处境。此种违约形态在我国现行法上虽无明确规定，但它并不违反合同法的有关法理及法律精神，现行合同法中的不安抗辩权可以作为其适用的法理依据。因此，交叉违约条款可以作为约定条款订入合同之中，以使贷款人能够及时全面的掌控借款人的信用水平。

二是预防借款人丧失清偿能力。凡借款人经司法程序宣告破产或无清偿能力，或明示无力清偿到期债务，或向债权人让与财产或提出让与财产的建议，即视为违约事件。这是一项警报性的违约事件，因为当借款人丧失清偿能力后，如果无法摆脱困境，就不可避免地会违反贷款合同的约定。

三是预防借款人的突发重大不利事件。由于违约条款是用于应付事先没有预料到的情况，既然从贷款人角度事先无法预料，也就无法穷尽，因此，从贷款人方面来说，就需要这样一个兜底性的保护条款，以保护其利益。在违约条款中一般规定，不论是由于什么原因引起的，也不问是借款人自愿的或者是非自愿的，或者是由于法院的命令或法律、规章的规定所造成的，都应视为违约。这样规定的目的是防止借款人主张违约的发生是由于不可抗力造成的，借此解脱其对违约所应承担的责任。鉴于上述原因，贷款人应在贷款合同中争取约定，借款人有下列情形之一，贷款人有权单方决定停止支付借款人尚未使用的贷款，并提前收回部分或全部款项。

至于抵押贷款合同和质押贷款合同、保证贷款合同并非能够使商业银行进入了保险箱，商业银行同样会通过增加保护性条款来构筑自己的利益堤坝。道理很简单，出了纠纷大家都要靠合同保护自己。

目前商业银行都会规定对故意隐瞒关联担保企业信息的，一经发现，商业银行有权提前收回贷款；同时要求借款人、担保人要定期向商业银行报送对外担保情况，并承诺提供的信息和对外担保金额完整、真实、准确。即使是担保人以其有效经营资产向借款人设定抵（质）押或提供保证，但当贷款风险增加时，商业银行仍有权停止发放尚未发放的贷款，并要求借款人提前偿还已发放的部分或全部贷款。

商业银行通常会担忧在保证合同有效期内，担保人是否会发生财务状况恶化、经营机制或组织结构发生变化，如合并、联营、破产、解散和涉及重大经济纠纷等情况危及担保代偿能力的问题，因而商业银行在保护性条款中会规定有权要求借款人提供新的合法、有效、可靠的担保。或者是采取让企业筹集风险准备金存入商业银行的手段来预防风险。或者规定保证期间，保证人被人民法院依法宣告破产的，商业银行根据实际情况，可以按照《破产法》的规定，在债权申报期间向人民法院申报债权，参加破产财产分配，分配后不足清偿的部分，仍有权向借款人求偿；或者是采取在保证人被宣告破产或可能被宣告破产时，及时要求借款人提供新的担保。有些商业银行还会规定保证期间，保证人违反保证合同约定义务的，放贷银行应依法及时追究保证人的责任。或者借款人明显违反借款合同约定的义务的，放贷银行可以根据保证合同的约定，要求保证人提前承担连带责任。

二十九、商业银行会对抵押财产要求投保

在商业银行的资产、负债和中间业务中，贷款业务是最主要的资产业务和利润来源，也是银行建立和维护客户关系，拓展其他业务的有效杠杆。贷款管理是银行经营管理最重要的内容，贷款资产的质量和安全，对银行的经营成败意义重大。与其他贷款方式相比，抵押贷款应重点做好对抵押财产的风险管理。目前商业银行抵押贷款合同中都会要求借款人必须在贷款发放前对抵押物办理商业保险，而相关费用由借款人自己承担。同时规定保险合同中必须明确放贷银行是第一受益人，且不得有任何有损放贷银行利益的限制性条款出现。

从商业银行授信业务管理规定来看，在抵押贷款办理前，商业银行须对借款人提供的抵押财产进行审查，确保其合法性和权属的确定性；从抵押财产的流动性和价值稳定性考虑，银行接受抵押的财产一般包括借款人拥有的房屋、机器设备、交通工具等；为确保贷款债权能得以实现，抵押财产须在价值评估基础上合理设定抵押率，并妥善办理抵押登记手续。贷款发放后，抵押财产由借款人负责保管，并应保持完好和价值稳定。《担保法》规定，“抵押物价值减少时，抵押权人有权要

求抵押人恢复抵押物的价值，或者提供与减少的价值相当的担保”；“抵押权因抵押物灭失而消灭。因灭失所得的赔偿金，应当作为抵押财产”。《物权法》规定，“担保期间，担保财产毁损、灭失或者被征收等，担保物权人可以就获得的保险金、赔偿金或者补偿金等优先受偿。被担保债权的履行期未届满的，也可以提存该保险金、赔偿金或者补偿金等”。对抵押财产进行保险，使抵押财产的价值不因特殊事故的发生而遭受损失，是商业银行对抵押贷款实行贷后风险管理的普遍做法。

目前抵押财产保险责任主要限于在保险期间内，由于火灾、爆炸、雷击、暴雨、洪水、暴风、龙卷风、冰雹、台风、飓风、暴雪、冰凌、突发性滑坡、崩塌、泥石流、地面突然下陷下沉、飞行物体及其他空中运行物体坠落原因造成保险标的的损失。借款人拥有财产所有权的自用的供电、供水、供气设备因保险事故遭受损坏，引起停电、停水、停气以致造成保险标的直接损失。保险期间除另有约定者外，通常是自抵押贷款合同生效时起至抵押贷款合同期满时止，或保险期间为 1 年，或为由投保人、保险人协商确定，并在保险合同中载明。

目前，抵押财产保险业务非常普遍。在商业银行抵押贷款合同中通常都有涉及保险的相关条文，对如何办理该项业务进行约定。国家工商管理局颁布的《抵押贷款合同参考文本》中就规定“抵押物由甲方（借款人）向保险公司投保，以乙方（贷款银行）为保险受益人，并将保险单交乙方保管，保险费由甲方承担。投保的抵押物由于不可抗力遭受损失，乙方有权从保险公司的赔偿金中收回抵押人应当偿还的贷款本息”。《中国人民银行个人住房贷款管理办法》中也规定了“以房产作为抵押的，借款人需在合同签订前办理房屋保险或委托贷款人代办有关保险手续。抵押期内，保险单由贷款人保管”；“抵押期内，借款人不得以任何理由中断或撤销保险”。

在实际操作中，有的商业银行要求借款人提供符合规定的保险单，由借款人自行向保险公司投保；有的则由放款银行代为办理。对借款人在申请贷款前已投保财产保险并包含抵押财产的，银行通常要求对该保险单进行批改，将商业银行作为抵押财产部分的保险单第一受益人。

目前商业银行对抵押财产一般只要求办理保险，但对投保险种没有具体要求。保险公司根据银行或客户的要求，通常提供与抵押财产类型相符的普通财产保险产品。由于现有财产保险并非专为抵押财产而设计，对特殊的抵押财产如在建工程、机器设备等面临的特殊风险缺乏专门的保障。现有的保险产品虽然能够基本覆盖可保风险，但会不合理增加借款人的保险费成本支出。

保险条款中有除外责任的规定需要投保人特别注意。有的除外责任将不可保风险予以除外，即所谓“绝对除外”，例如被保险人的故意行为；有的除外责任则是基于投保人的保险需求或保险人的承保能力等因素考虑而设计，即所谓“相对除外”，通常可以在主险以外附加投保或协商投保，如“地震、海啸”除外责任。有些“相对除外”的除外责任不利于抵押财产获得充分的保险保障。

如果借款人以前没有办理任何财产保险，在向商业银行借款时出于节省成本考虑，通常会选择保障范围较小、费率较低的财产基本险，使得抵押财产发生事故后无法获得充分的保险补偿。

虽然商业银行贷款合同普遍对保险有专门的规定，但对抵押财产投保的保险金额约定不尽相同，有的甚至没有明确要求，而较为常见的是规定不得低于合同贷款金额。由于贷款金额一般根据抵押财产的评估值设定抵押率后确定，与抵押财产价值之间存有明显差异，无法充分保障抵押财产发生保险事故后获得足额补偿。而抵押财产保险金额可以由投保人和保险公司协商确定，例如按照贷款合同的要求以贷款金额作为保险金额。但如果保险金额低于抵押财产的保险价值，则发生保险事故时，保险人将按照保险金额（贷款金额）与保险价值的比例承担赔偿责任，即所谓“不足额保险赔偿”。要确保“足额保险赔偿”的关键是根据保险价值确定保险金额。而保险价值的确定需要根据财产保险合同的约定，或在合同没有约定的情况下根据《保险法》的规定，“按照保险事故发生时保险标的的实际价值确定”。现有财产保险产品通常对投保财产的保险价值进行约定，如财产基本险和财产综合险条款规定，“固定资产的保险价值是出险时的重置价值”。也就是说，抵押固定资产的保险金额只有在不低于其出险时的重置价值时，才能获得按重置价值基础计算的“足额保险赔偿”。需要特别指出的是，抵押财产在银行贷款前所进行的价值评估，通常以市场价值确定，与保险合同中常用的重置价值概念并不一致。另外，抵押房产的价值评估一般包括土地价值。而土地因其属性并不属于财产保险的风险保障范围。如果该抵押房产按包含土地价值在内的评估价值确定抵押率和贷款金额，并按贷款金额确定保险金额，则产生保险标的（不包括土地使用权）和保险金额（包括土地使用权）之间的矛盾，容易发生保险理赔争议。此外，按贷款金额投保也容易使投保人产生在部分偿还贷款后减少相应保险金额的要求，进一步影响抵押财产得到充分的保险保障。对保险理赔后受损保险财产的保险金额恢复，现有财产保险条款通常采取由投保人自行决定的开放性约定，也不利于充分保障抵押财产风险。

三十、企业和个人的信用评级很重要

信用评级对小微企业和个体经营者能否足额得到贷款支持非常重要。企业信用评级是指信用评估机构对征集到的企业信用信息，依据一定指标进行信用等级评定。企业信用分析的主要内容包括：产业、企业素质、经营管理、财务状况和偿债能力等方面。在企业信用评级中，比较重视企业素质，特别是企业素质中的企业综合情况评级，包括对企业领导群体的素质的评级，企业经营管理能力的评级，以及企业竞争能力的评级。目前，由于放贷银行与经营者之间存在着信息不对称，因而会形成逆向选择和道德风险问题。解决这两个问题的一个有效办法就是信用评级。信用评级不但为资金供需双方的信息缺口开辟通道，使资本市场不至于收敛于因信息不对称而无法发挥资金中介的功能，使资金需求者能取得所需资金从事其各项生产经营活动，使资金供给者的投资拥有适合其风险偏好的标准，也使商业银行的管理效率得到提高，从而增强了资本市场的整体效率。

需要说明的是，目前国内诸多商业银行的信用评级标准和信用等级划分是存有差异的。主流的借款企业信用等级划分为三等九级，其符号分别是AAA、AA、A、BBB、BB、B、CCC、CC、C。借款企业信用等级符号及其含义如下所示：

AAA级表示短期债务的支付能力和长期债务的偿还能力具有最大保障；经营处于良性循环状态，不确定因素对经营与发展的影响最小；AA级表示短期债务的支付能力和长期债务的偿还能力很强；经营处于良性循环状态，不确定因素对经营与发展的影响很小；A级表示短期债务的支付能力和长期债务的偿还能力较强；企业经营处于良性循环状态，未来经营与发展易受企业内外部不确定因素的影响，盈利能力和偿债能力会产生波动。

BBB级表示短期债务的支付能力和长期债务偿还能力一般，目前对本息的保障尚属适当；企业经营处于良性循环状态，未来经营与发展受企业内外部不确定因素的影响，盈利能力和偿债能力会有较大波动，约定的条件可能不足以保障本息的安全；BB级表示短期债务支付能力和长期债务偿还能力较弱；企业经营与发展状况不佳，支付能力不稳定，有一定风险；B级表示短期债务支付能力和长期债务偿还能力较差；受内外不确定因素的影响，企业经营较困难，支付能力具有较大的不确定性，风险较大。

CCC级表示短期债务支付能力和长期债务偿还能力很差；受内外不确定因素的影响，企业经营困难，支付能力很困难，风险很大；CC级表示短期债务的支付能力和长期债务的偿还能力严重不足；经营状况差，促使企业经营及发展走向良性循环状态的内外部因素很少，风险极大；C级表示短期债务支付困难，长期债务偿还能力极差；企业经营状况一直不好，基本处于恶性循环状态，促使企业经营及发展走向良性循环状态的内外部因素极少，企业濒临破产。

农业银行将借款企业信用等级分为 AAA、AA、A、B、C 五个等级：其中，AAA 企业得分为 90 分（含）以上，且资产负债率、利息偿还率和到期信用偿付率指标得分均为满分，现金流量指标得分不得低于 5 分，有一项达不到要求，最高只能评定为 AA 级。AA 级企业得分为 80 分（含）～90 分（不含），且资产负债率、利息偿还率指标得分均为满分，到期信用偿付率指标得分不得低于 10.8 分，现金流量指标得分不得低于 3 分，有一项达不到要求，最高只能评定为 A 级。A 级企业得分为 70 分（含）～80 分（不含），且资产负债率指标得分不得低于 5 分，利息偿还率指标得分不得低于 8.1 分，到期信用偿付率指标得分不得低于 9.6 分。B 级企业。得分为 60 分（含）～70 分（不含）；或得分在 70 分以上，但具有下列情形之一的：属于国家限制发展的行业；资产负债率得分为 5 分以下；利息偿还率得分在 8.1 分以下；到期信用偿付率得分在 9.6 分以下。C 级企业得分为 60 分（不含）以下；或得分在 60 分以上，但具有下列情形之一的：生产设备、技术和产品属国家明令淘汰；资不抵债；企业已停产半年以上；存在逃废银行债权的行为；利息偿还率得分在 2.7 分以下；到期信用偿付率得分在 3.6 分以下。

中国银行对借款企业从偿债能力、获利能力、经营管理、履约情况、发展能力与潜力五个方面进行评价，借款企业信用等级分为 AAA 级、AA 级、A 级、BBB 级、BB 级、B 级、CCC 级、CC 级、C 级和 D 级，共十个信用等级。其中，AAA—A 级，信用度分别是特优、优、良，表明借款人信用很好，整体业务稳固发展，经营状况和财务状况良好，资金负债结构合理，经营过程中现金流量较为充足，偿债能力强。BBB—B级，信用度分别是较好、尚可、一般，表明借款企业信用较好，现金周转和资产负债状况可为债务偿还提供保证，授信有一定风险。CCC—C级，信用度分别是较差、差、很差，表明借款人信用较差，整体经营状况和财务状况不佳，授信风险较大，应采取措施改善债务人的偿债能力和偿债意愿，以确保银行资金安全。D级，信用度属于极差：主要表现客户信用很差，授信风险极大。

工商银行将借款企业信用等级分为AAA级、AA级（AA+、AA、AA-）、A级（A+、A、A-）、BBB级（BBB+、BBB、BBB-）、BB级、B级。其中，AAA级借款企业的生产经营规模达到经济规模，市场竞争力很强，有很好的发展前景，管理水平很高，有很可靠、可预见的净现金流量，具有很强的偿债能力，对工商银行的业务发展很有价值，信誉状况很好。AA级借款企业市场竞争力强，发展前景好，管理水平高，有良好的净现金流量，偿债能力强，对工商银行的业务发展有价值，信誉状况良好。A+级借款企业的市场竞争力较强，发展前景较好，管理水平较高，净现金流量较好，偿债能力较强，对工商银行的业务发展有一定价值，信誉状况较好。A级借款企业的市场竞争力一般，发展前景一般，管理水平一般，净现金流量一般，偿债能力一般，对工商银行的业务发展有一定价值，信誉状况一般。A-级借款企业的市场竞争力一般，发展前景一般，管理水平一般，净现金流量轻度紧张，偿债能力较弱，信誉状况一般，有一定的风险。BBB级借款企业市场竞争力较差，发展前景较差，管理水平较差，现金流量状况紧张，偿债能力较差，客户存在需要关注的问题，具有较大风险。BB级借款企业的市场竞争力、财务效益状况、管理水平差，偿债能力弱，风险大。B级借款企业的市场竞争力、财务效益状况、管理水平很差，偿债能力很弱，风险很大。

中关村企业信用评级是结合了本区域内企业经营特点并参照国际惯例后，信用等级分为三等九级，即：AAAZC、AAZC、AZC、BBBZC、BBZC、BZC、CCCZC、CCZC、CZC，具体含义如下：

AAAZC级：产品或技术在同行业具有先进性特点和很强的竞争力；具备完善的现代企业制度；拥有较大的资产规模；业务持续快速发展，盈利能力很强，财务结构稳健；享有良好的社会声誉；短期债务的支付能力和长期债务的偿还能力具有最大保障；经营处于良性循环状态，不确定因素对经营与发展的影响最小。

AAZC级：产品或技术在同行业具有先进性特点和较强的竞争力；具备较为完善的现代企业制度；拥有一定的资产规模；业务持续快速发展，盈利能力强，财务结构稳健；享有较好的社会声誉；短期债务的支付能力和长期债务的偿还能力很强；经营处于良性循环状态，不确定因素对经营与发展的影响很小。

AZC级：产品或技术在同行业具有先进性特点和较强的竞争力；具备相对完善的现代企业制度；拥有一定的资产规模；业务持续快速发展，盈利能力较强，财务结构稳健；享有一定的社会声誉；短期债务的支付能力和长期债务的偿还能力较强；企业经营处于良性循环状态，未来经营与发展易受企业内外部不确定因素的影响，盈利能力和偿债能力会产生波动。

BBBZC级：产品或技术具有一定的先进性及竞争力；现

代企业制度基本建立；业务发展稳定，具备相对较好的盈利能力，财务结构尚属稳健；在行业中享有一定的知名度；短期债务的支付能力和长期债务偿还能力一般，目前对本息的保障尚属适当；企业经营处于良性循环状态，未来经营与发展受企业内外部不确定因素的影响，盈利能力和偿债能力会有较大波动，约定的条件可能不足以保障本息的偿还与支付。

BBZC 级：产品或技术具有一定的先进性和发展潜力；尚未建立相对完善的现代企业制度；业务基本稳定，但企业经营与发展状况一般；受企业内外部不确定因素的影响，盈利能力和偿债能力会发生明显的波动；支付能力不稳定，有一定的信用风险。

BZC 级：产品或技术不具有明显的先进性和发展潜力；尚未建立现代企业制度；企业经营状况不稳定，短期债务支付能力和长期债务偿还能力较差；受内外不确定因素的影响，企业经营较困难，支付能力具有较大的不确定性，信用风险较大。

CCCZC 级：企业在经营、管理、履约，以及社会公共记录等方面存在很多不良影响，经营状况很不稳定；短期债务支付能力和长期债务偿还能力很差；受内外不确定因素的影响，企业经营状况很差，支付能力很困难，风险很大。

CCZC 级：企业在经营、管理、履约，以及社会公共记录等方面存在明显不良影响，经营状况极不稳定，短期债务的支付能力和长期债务的偿还能力严重不足；财务状况趋向恶化，促使企业经营及发展走向良性循环状态的内外部因素很少，风险极大。

CZC 级：企业在经营、管理、履约，以及社会公共记录等方面存在严重不良影响，企业经营状况一直不好，基本处于恶性循环状态；财务状况恶化，短期债务支付困难，长期债务偿还能力极差；企业经营及发展走向良性循环状态的内外部因素极少，企业濒临或已处于破产状态。

每一个信用等级（除AAA级外）可用“+”、“-”符号进行微调，表示略高或略低于本等级。

建设银行是国内首个建立个人信用体系并投入使用的商业银行。建设银行对个人信用等级依次划分为AAA、AA、A、BBB、BB、B、C七个等级。其中，AAA级借款人的收入水平很高，偿债意愿很强，社会地位很高，家庭环境非常优越。AA级借款人的收入水平高，偿债意愿强，社会地位高，家庭环境优越。A级借款人的收入水平较高，偿债意愿较强，社会地位较高，家庭环境比较优越。BBB级借款人的收入水平中等，有偿债意愿，有一定社会地位，家庭环境良好。BB级借款人的收入水平一般，有一定偿债意愿，社会地位一般，家庭环境一般。B级借款人的收入水平较低，偿债意愿不强，社会地位较低，家庭环境较差。C级借款人的收入水平很低，偿债意愿很差，社会地位很低，家庭环境很差。

工商银行对个人客户主要是采用客户贡献星级的评级方法，将客户的信用级别分成七星级客户、六星级客户、五星级客户、四星级客户、三星级客户、准星级客户共六大类。其中，七星级客户的星点值在80 000（含）以上；六星级客户的星点值在10 000（含）~80 000之间；五星级客户的星点值在2 000（含）~10 000之间；四星级客户的星点值在500（含）~2 000之间；三星级客户的星点值在50（含）~500之间；准星级客户的星点值在0（不含）~50之间。星点值等于0的客户不予评定星级。符合以下条件之一的客户，若当前服务星级较低，系统将自动即时调高至对应星级：签订私人银行服务协议，调整服务星级为七星。开立工银财富理财金账户卡、白金信用卡，调整服务星级为六星。开立理财金账户、信用卡金卡，调整服务星级为五星。开立信用卡普卡，调整服务星级为四星。

三十一、面对放贷银行要求贷款转存时应该说“不”

出于对借款人自身经济利益的保护，银行信贷业务要坚持实贷实付和受托支付原则。其实，中国银监会早就提出严禁银行放贷时附加以贷转存等不合理条件，并要求银行信贷业务要坚持实贷实付和受托支付原则，将贷款资金足额直接支付给借款人的交易对手，不得强制设定条款或协商约定将部分贷款转为存款。2012 年 1 月 20 日，中国银监会发布的《中国银监会关于整治银行业金融机构不规范经营的通知》（银监发 2012 年 3 号）规定，银行业金融机构要认真遵守信贷管理各项规定和业务流程，按照国家利率管理相关规定进行贷款定价，并严格遵守下列规定：（1）不得以贷转存。银行信贷业务要坚持实贷实付和受托支付原则，将贷款资金足额直接支付给借款人的交易对手，不得强制设定条款或协商约定将部分贷款转为存款。（2）不得存贷挂钩。银行业金融机构贷款业务和存款业务应严格分离，不得以存款作为审批和发放贷款的前提条件。（3）不得以贷收费。银行业金融机构不得借发放贷款或以其他方式提供融资之机，要求客户接受不合理中间业务或其他金融服务而收取费用。（4）不得浮利分费。银行业金融机构要遵循利费分离原则，严格区分收息和收费业务，不得将利息分解为费用收取，严禁变相提高利率。（5）不得借贷搭售。银行业金融机构不得在发放贷款或以其他方式提供融资时强制捆绑、搭售理财、保险、基金等金融产品。（6）不得一浮到顶。银行业金融机构的贷款定价应充分反映资金成本、风险成本和管理成本，不得笼统将贷款利率上浮至最高限额。（7）不得转嫁成本。银行业金融机构应依法承担贷款业务及其他服务中产生的尽职调查、押品评估等相关成本，不得将经营成本以费用形式转嫁给客户。

现实中，由于银行放贷规模大小主要取决于自身吸存规模的大小，因而不少商业银行在发放贷款的同时会从贷款中扣下一定比例强行作为客户在银行的存款。举例来讲，如果企业只需要 800 万元的贷款，银行可能会批出 1 000 万元的额度，其中 800 万元真正贷给企业，另外 200 万元则作为企业存款又流进银行体系。但企业需要支付 1 000 万元的贷款利息，而不是 800 万元。从而技术层面上讲，放贷银行有 200 万元贷款指标从资产变成了负债，冲涨了放贷银行的存款规模。但这种做法会进一步加深借款企业的使用成本，导致贷款成本在贷款本身利率并不很高的时候快速上升，而银行却以此获取了更高的利润。

温州银监局在 2017 年 2 月 16 日、17 日、20 日先后披露了几份行政处罚单，其中，浦发银行温州分行因“贷款资金回流转定期存款，办理贸易背景不真实的票据业务”被罚 45 万元；平安银行温州分行因“贷款资金回流转定期存款”被罚 30 万元。因相似违规行为被罚款的还有：邮储银行温州分行因“贷款资金转存银行存款，再质押发放贷款”、“以存款作为审批和发放贷款的前提条件”等被处罚 70 万元；农行温州分行因“贷款资金转为存款”等被罚75万元；广发温州分行因“贷款资金转银行承兑汇票保证金”、“通过循环办理贸易背景不真实的银行承兑汇票及贴现业务虚增存款”被罚160万元。处罚单开出的日期均为2017年1月22日。

2017年中国银监会网站10月15日讯，中国银监会10月13日发布的台州监管分局行政处罚信息公开表显示，交通银行台州分行因存在贷款资金违法转为存款，中国银监会台州监管分局对其处以罚款人民币20万元，处罚依据是《中华人民共和国银行业监督管理法》第二十一条、第四十六条；《中华人民共和国商业银行法》第三十五条；《中国银监会办公厅关于银行承兑汇票业务案件风险提示的通知》（银监办发2011年206号）。

2018年2月12日，中国银监会网站公布了大连银监局对平安银行股份有限公司的行政处罚决定（大银监罚决字2018年5号）。显示，该单位存在贷款资金转存款质押开立银行承兑汇票并在他行贴现，贴现资金回流转存款质押重复开立银行承兑汇票的违法违规事实。大连银监局依据《商业银行授信工作尽职指引》（银监发2004年51号）、《流动资金贷款管理暂行办法》（银监会令2010年第1号）、《中国银监会办公厅关于进一步加强信贷管理的通知》（银监办发2009年221号）、《中华人民共和国银行业监督管理法》第四十六条，对平安银行股份有限公司罚款人民币40万元。

据不完全统计，仅2015年6月以来，晋商银行朔州分行、民生银行常州支行、招商银行沈阳分行、吉林银行大连分行、金华银行、天台农商行、渤海银行天津分行等都曾因为以贷转存受过处罚。

2014年9月12日，中国银监会曾发布《关于加强商业银行存款偏离度管理有关事项的通知》，要求商业银行不得设立时点性存款规模考评指标，合理控制月末存款偏离率，设置商业银行存款偏离度不得超过3%。全面约束商业银行存款月末冲高月初回落，月末存款偏离度较高的“冲时点”行为。2016年8月，国务院发布的《降低实体经济企业成本工作方案的通知》中再次指出并强调，完善信贷资金向实体经济融通机制，降低贷款中间环节费用，严禁“以贷转存”、“存贷挂钩”变相提高利率举措。

商业银行存款“冲时点”问题由来已久。存款月末冲高、月初回落，月末存款偏离度较高，季末尤为突出。不少商业银行业务开展中以贷转存，屡次触碰“红线”。通知督促商业银行不得设立时点性存款规模考评指标；不得设定单纯以存款市场份额或排名为要求的考评指标；分支机构不得自行制定存款考评办法或提高考评标准及相关要求。通知要求商业银行不得违反规定强制设定条款或协商约定将贷款资金转为存款，不得向“空户”虚假放贷；不得将贷款资金作为保证金循环开立银行承兑汇票并贴现，虚增存贷款。通知督促商业银行加强存款稳定性管理，合理控制月末存款偏离率。设置商业银行存款偏离度不得超过3%。同时，为防止商业银行在季末通过冲高月日均存款、规避存款偏离率约束，附加限制季末月日均存款的可计入金额。通知要求各级监管机构建立存款波动情况统计监测制度，对存在存款异动较大、违规吸存、虚假增存等问题的银行，按严重程度相应采取限制准入、降低评级、限制业务、提高稳定存款比例等监管纠正与处罚。同时进一步规范商业银行经营行为，维护健康金融秩序，缓解月末、季末存款等的大幅波动，促进商业银行稳健经营。同时，有利于降低银行的负债成本，从而降低企业贷款成本。银监会要求各级监管机构建立存款波动情况统计监测制度，对存在存款异动较大、违规吸存、虚假增存等问题的银行，按严重程度相应采取限制准入、降低评级、限制业务、提高稳定存款比例等监管纠正与处罚措施。

事实上，不少小微企业透露自己曾经“被加量放贷”。南宁市一家企业负责人曾介绍，2013 年，他从一家商业银行贷款 5 000万元，作为自己承包市场租赁权的流动资金。银行提出必须“以贷转存”，银行先放贷 5 000 万元，然后公司存款 5 000 万元作为三年定期存款进入银行账户，银行再放贷 5 000 万元给公司。该负责人说：“一来二去，银行给我的额度就扩大到了 1 亿元，但我实际使用的只有 5 000 万元。从未跟银行打过交道的我，通过融资公司跟银行联系，得到的答复都是最少半年时限才能放款，但这家银行肯给我 3 个月时间放款。”据了解，像这般急切用钱的多为中小企业，和银行“讨价还价”的能力较弱，因此不得不接受这样的“附加条款”。银行有关内部人士表示，以前有存贷比 75% 红线的时候，银行放贷的规模是由存款规模决定的，例如有 100 万元的存款，可以放 75 万元的贷款。虽然现在取消了这一红线，但一些银行对存款还是有考核，员工还是“背任务”。更何况银行通过贷款转为存款还可以“吃”到更高的利息，从而获利。同时，将贷出去的钱转回来变成定期存款形成“体内循环”，偏离了信贷资金应当服务实体经济的宗旨。目前，还有不少企业通过关联企业进行存单质押贷款和放贷银行串通“作案”，形式越来越隐蔽。

三十二、在网络贷款平台申请所需资金

网络贷款，简单的说，就是手中有闲钱的放款人，通过网络贷款平台，将钱借给需要用钱的借款人的过程。放款人获得远高于银行存款的收益，同时借款人能方便快捷的获得事业发展的资金。2007 年中国出现了第一家 P2P 贷款网站“拍拍贷”；P2P 网络贷款模式由于互联网这个工具的便利性和跨地域性，迅速实现了爆发式的增长。据有关数据资料显示，2017 年，被称为网贷行业的“合规年”。在过去的一年里，监管部门陆续颁布监管政策，加速推进网贷行业合规化进程，并淘汰了 600 多家问题平台。在 2017 年的最后一个月里，P2P 网贷行业的成交量为 2 248.09 亿元。众所周知，中小企业融资难的问题一直制约着中小企业的发展，特别是银行融资信息不对称，对于中小企业支持力度不足是现实存在的问题。很多中小企业选择 P2P 贷款获得资金支持是让企业得到更好的运转。再加上正规网贷平台采用抵押的形式，能够很好对抗终极风险的发生。同时借款企业与平台、担保公司合作，虽然付出高点的成本，实际到手的借款金额、其他费用、用款时间等都比银行有优势，而且不上企业征信，在企业急需周转时运营良好的平台能通过更高效率的服务，让借款的小微企业或农户免于如银行般的漫长贷款流程手续等待，往往能在短期内就会融资到位，从而达到了三方均有利的情况。

国家法律是允许和保护民间借贷的，对于利率在国家规定的贷款利率的四倍以下的利息，也是承认和保护的，而现有网络平台上的利率水平，均是在四倍安全线的下方。《合同法》从法律上肯定了民间借贷行为的合法性，并从法律层面保护出借人收回借贷资金和利息的权利。《合同法》第二百一十一条规定：自然人之间的借款合同对支付利息没有约定或约定不明确的，视为不支付利息。自然人之间的借款合同约定支付利息的，借款的利率不得违反国家有关限制借款利率的规定。最高人民法院《关于人民法院审理借贷案件的若干意见》第六条规定：民间借贷的利率可以适当高于银行的利率，各地人民法院可以根据本地区的实际情况具体掌握，但最高不得超过银行同类贷款利率的四倍，（包含利率本款）。超出此限度的，超出部分的利息不予保护。《合同法》第二十三章“居间合同”中明确规定，居间人提供贷款合同订立的媒介服务，可依法向委托方收取相应的报酬。因此贷款服务机构的存在和服务费的收取都是符合法律规定并受法律保护的。民间借贷是《民法通则》中一种民事法律行为，行为人在具有完全民事行为能力（即年满18周岁，且不存在足以影响自身行为的精神疾病的情形）、意思表示真实，借款合同符合法律、行政法规规定，则该借款合同完全受到《合同法》等法律的保护。民间借贷是民间资本的一种投资渠道，作为银行金融的有效补充已逐渐成为民间金融的一种重要形式。

网络贷款平台和网上银行从功能上讲，都属于资金中介，但二者又有一个显著的区别：网上银行的存款者，把钱存入银行后，是不知道，也不关心银行会把钱贷款给了谁，存款者信任的是银行；而网贷平台只是一个资金需求信息中介平台，放款人要把自己的钱借给谁，是由放款人根据借款人的情况进行自行判定。网贷平台不能替放款人做主。如果网贷平台割裂了放款人和借款人之间的信息交流，那就涉嫌违法吸储和放贷，因为网贷平台不是银行，没有银行牌照。正是由于这个原因，所以网贷团非常看重网贷平台的“透明性”，阳光是最好的杀毒剂，凡是对借款人信息和数据捂着、盖着、语焉不详，甚至涉嫌“虚拟”借款人情况的平台，网贷团会给予较低的评级并提示风险。

其实，利用商业银行的网银平台在线申请小额贷款同样非常方便，大家未必再像以前那样非得跑到银行网点。但目前工商银行的网上银行所提供的个人质押贷款和个人短期信用贷款需要用你的存单或者国债进行抵押才能得到，按照抵押存单或者国债金额的 90% 掌握贷款限额，三个月以内贷款利息为 5.1%，可以提前还贷，但是必须是借款人将本金和利息一起一次性还清，才能将存单或者国债解冻。办理网上银行自助抵押贷款，需要办理工商银行的 U 盾，申请完贷款后，自己点击“放款”，就会及时到账的。但工商银行的个人信用贷款，有以下的要求：在中国境内有固定住所、有当地城镇常住户口、具有完全民事行为能力的中国公民；有正当且有稳定经济收入的良好职业，具有按期偿还贷款本息的能力；遵纪守法，没有违法行为及不良信用记录；在工商银行取得 A－级（含）以上个人资信等级；在工商银行开立个人结算账户。除具备以上基本条件外，还具备以下特定准入条件之一的借款人为信用贷款特定准入客户：为工商银行优质法人客户的中高级管理人员及高级专业技术人员；个人拥有自有资产达200万元（含）以上；为牡丹白金卡客户；持有工商银行个人理财金账户1年（含）以上且账户年度存款平均余额20万元（含）以上；为工商银行个人贷款客户，贷款金额在50万元（含）以上且连续2年以上没有违约还款记录（含贷款已结清客户）。

建设银行推出“快贷”贷款系列，最快在几分钟内就可以申请成，而且贷款门槛低至千元，将目标群体锁定于个人和小微群体，其中的“融e贷”须在网上申请贷款，但审批通过后要到建行网点签约贷款合同，“融e贷”的贷款金额大、时限长，额度为5万元~500万元，采用信用和抵押两种贷款方式，贷款年限最长5年，贷款结清后额度循环有效。“质押贷”则是全流程网上操作，除了交付质押物除外。“质押贷”可以用本外币定期储蓄存款、电子式储蓄国债、记账式国债、保本型个人理财产品进行质押，额度在5 000元到100万元之间，最长1年。通过“融e贷”“质押贷”得到的贷款可以用于经营。

事实上，各家银行网上申请贷款的流程未必完全一致，但大致只要按照提示都能轻松完成。以工行为例，想通过网银申请贷款，首先要开通该行的网上银行。成功登录网银后，点击交易区上方的一级菜单中的“网上贷款”栏目，按照提示点击“申请贷款”，选择申请的贷款类型，如申请质押贷款，就在其后点击“申请”。根据引导，选择质押物，确认无误后点击“生成合同”。确认无误后，输入密码和验证码，点击“接受合同”，就已经申请结束。当然，这类申请银行还需要审核，审核通过后，贷款的结果将通过网银以及短信的方式提示给客户，并直接放款到客户的账户中。

网上银行贷款的方便固然是一个优势，但是更重要的是救急。客户可使用网上银行注册卡下挂的定期存款作为质押物，通过网上成功申请贷款后，无需再等待银行的审核，就能立刻获得一定比例的贷款资金。而且从理财的角度看，利用此项业务则无需提前支取定期存款，可以继续保留其相对较高的利率；与此同时仅需要为需要资金的时间段支付借贷利率，其利息成本往往低于定期存款的利息收益，从而相比支取定期存款可以创造更多的利息收入。

与网上银行放贷习惯所不同的是，网络贷款平台更多采用“标”的称谓。“标”是网络贷款平台上对于一个借款行为的统称，包含以下这些要素组成：借款金额、借款利率、借款期限、借款人、放款人（1 个或多个）、担保人（可选）、投标奖励（可选）、还款方式、借款类型（信用标、抵押标、秒标、净值标等）。其中，信用标顾名思义就是借款人在通过了网贷平台一系列的基础信用认证后，凭借自己的信用进行的一种借款，没有抵押物或担保人。现在主流的网络贷款平台一般对 VIP 放款客户投资的信用标逾期的话，垫付 100% 本金，有少数平台对信用标的利息也垫付。抵押标顾名思义就是借款人在网贷平台办理了抵押手续，有抵押物（一般是房子或者车子）的一种借款；现在的网络贷款平台对抵押标都是保本保息的，一旦逾期，平台立刻垫付本息并债权转移到借款人和平台之间。有些平台用语不同，可能叫“推荐标”、“快借标”、“给力标”等，但含义是相同的。担保标顾名思义就是有人居中担保的借款，担保人可以是一人或者多人；担保标如果没有发生逾期，顺利还款完毕，担保人就会获得借款人预先承诺的担保奖励（一般是1%～5%）；如果担保标逾期，就由担保人垫付本息给放款人；现在的主流网贷平台都会从技术上保证担保人账户有足够的“净值”来担保他所担保的标，而不会出现担保人本身账户无法支付逾期担保标的情况出现；所以担保标也可以认为是无风险的，只是如果出现逾期，垫付的天数和抵押标有区别，一般是逾期30天后担保人才垫付本息（而抵押标一般是逾期第2天平台就立刻垫付）；担保标投标也分为两个阶段，第一阶段是担保阶段，在担保比例未到达100%之前，放款人是不能投标的；第二阶段是担保比例到达100%后，放款人才可以开始投标。

净值标是指借款人有一定的“净值”存放在网站平台上而进行的一种借款（借款金额必须小于净值）。账户“净值”包括可用余额和待收款。由于有“净值”作为还款保证，所以净值标也可以认为是基本没有还款风险的，很多平台净值标是免审直接通过的；净值标一般有两个用途：一种是提前收回资金，就是指投资人高息放出款后，又碰到临时用钱的情况，那么就可以“依托应收款净值”发起借款，从而提前收回资金；另一种就是资金“黄牛”采用的一种借款，低息借入资金，高息放出赚取差价；所以净值标的利率一般偏低，一般月息在0.7%～1%之间，但优点在于无风险和期限短，一个月的借款标基本都是净值标。而流标就是在借款人的借款需求在约标期限内（一般是3～7天）没有得到放款人100%的满足的情况，或者满标后没有通过网贷平台的复审，称为“流标”，流标后放款人的款项回到各放款人的账户中。流标的主要原因有：利率太低、金额过大、借款人历史信用不好、担保标担保进度不足100%等等。

三十三、尝试在众筹平台凑足自己的本钱

“众筹”一词具有大众筹资或群众筹资的意思，是由发起人、跟投人、平台构成，向群众募资，以支持发起的个人或组织的行为。具有低门槛、多样性、依靠大众力量、注重创意的特征，一般而言是通过网络上的平台连结起赞助者与提案者。人们对众筹青睐有加，原因在于众筹打开了初创企业的互联网资金获取渠道，使得很多普通人能够参与初创企业的成长过程，实现了”人人都是投资家”的梦想。众筹项目会因其具体的千差万别的研发内容而有所不同，而且其回报形式也是千差万别，无形与有形都有可能存在。从目前国内众筹实践来看，虽然还受到政府的政策法律的一定限制，其众筹的范围比较狭窄，但还是显现出了其在资本市场中的绝对强势位置。

需要强调的是，众筹项目中的债权众筹模式是投资者对项目或公司进行投资，并获得其一定比例的债权，未来获取利息收益并收回本金。债权众筹其实就是 P2P 借贷平台由不计其数的众多位投资者对互联网金融网站上的众筹项目甄选后进行投资，按投资比例获得债权，未来获取利息收益并收回本金。这种模式有些类似于 P2P 的形式，它对投资者的回报是按照

约定的比例给予的利息，届时投资者可以收回本金还可以得到承诺的收益。通常这样的收益率是要低于股权众筹的，但是风险也更低。另一方面，很多债权众筹网站包含某种形式的安全条款，在借款人无力还款的情况仍能给投资人以保障。P2P 借贷平台这个话题比较大，一般也不包括在大众谈论的狭义众筹之中，当然其中也不乏另类。例如具有影视投资背景的聚米金融于 2014 年 6 月份，在其平台上以债券众筹的方式给《文军西征》电视剧项目众筹一百多万元资本。尽管债权众筹有一些安全措施，但专业人士仍建议广大投资者最后还是将其资金分散在不同的投资网站上面，以降低与分散风险系数，并使投资组合多样合理。“投资的鸡蛋最好不要都放在一个篮子中”。另外，通过设定固定的利率评级，投资者还可以使他们的众筹投资组合更加稳定和安全有序。最好的状况是在大多数情况下他们可以预计或比较准确地去判断项目未来回报率，而即使只有 3% 到 4% 的水平。也许这种稳定性是很多风险投资公司青睐债权众筹的原因。

从当前众多已经上线运行并且成功的债权众筹项目经验来看，一个较规范的债权众筹项目应该包括如下一些基本内容：

1. 项目重要概述。重点描述该众筹项目的名称、项目发起人、目的所在、现实意义、项目资金的具体用途及其产生回报的主要产品或服务种类。

2. 项目类型说明。项目发起人应该明确本众筹项目是否属于债权众筹项目。

3. 所明确的筹资对象。一般来说，大多数众筹项目的筹资对象都会由领投人和跟投人组成。领投人是具有行业背景的投资人，起到了一个创造信任、吸引跟投的目的；跟投人则是对项目预期回投认可、对领投人信任的那部分理智型的粉丝。从两者关系的密切度来看，领投人与跟投人其实缺一不可。没有领投人则无法创造项目吸引力的信任源，没有跟投人则无法体现众筹融资中众人拾柴火焰高的实际效果。客观地讲，众筹项目有时所筹集的不仅仅是资金，还有人气的问题。而项目采取预购或团购甚至是营销，跟投人的作用会因此而不断变化。众筹项目的是否成功与跟投人的是否“给力”绝对有着重要的关系。

4. 项目筹资总额及其主要开支项目。主要就是项目运营及启动的资金预算，包括有：厂房租金开支、须要购置或租赁的设备、流动资金投入及其运转周期、运营成本支出等一些重要的财务数据。

5. 项目参与的时间期限。主要指筹资的起止时间和筹资天数。根据已有的经验并综合考虑而言，成功的众筹时间应以 30 天为宜。应该以 30 天为限倒推设计筹资金额、最低筹资金额，实现融资与筹集人气、营销等多方面的考虑。

6. 最低筹资金额。主要指出资支持人最低支持资金的额度，一般情况是给出一个区间供参与者选择。

7. 众筹项目的承诺与回报。目前众筹回报与众筹载体的形式有极大的关系，受中国法律限制，回报方式必须是实物、服务、媒体内容，不能许诺任何资金收益如现金、股票等金融产品，而类似保本保息承诺更是严格限制。不过众筹的实际载体不同，则回报也是可以变通的，如果众筹是以保险产品、证券基金、个人理财产品等方式出现的，其回报应以各自的法律设定的回报方式为约束。

8. 众筹流程规定。目前大多数众筹项目的基本流程是：

创业者选择众筹平台并发布众筹项目；支持者发现项目并提供资金支持；众筹平台发放资金（成功众筹时）或退回支持者资金（众筹失败时）；成立运营项目的企业并注册资金。

9. 指定众筹平台。指定众筹项目运行的互联网金融平台名称。如指定众筹网、京东众筹、拍拍贷、人人贷、中裕资本、多彩投等互联网金融平台。

10. 资金管理流程。资金流向大致如下：参与者出资并通过网上银行将出资款划到项目指定的第三方托管账户；众筹成功时由托管资金的第三方将资金转入注册验资账户；办理企业设立并申领工商企业营业执照；进入项目运营时的资金管理。

众筹项目的状态可以简单分成预热、进行中和结束三个阶段来表现。而成功率指成功的项目（包括已达到100%融资的项目）在结束的项目总数中的占比。目前在国内各种类型的众筹项目中，公益型众筹项目的成功率最高，为94.74%；紧随其后的是奖励型众筹项目，为77.61%；第三为股权型众筹项目，目前只有20.86%的水平。分析其中原因，公益型众筹与另外两类存在显著的差异，因为公益型众筹不求物质回报，即使设定目标融资金额，此类平台一般也不会以项目的实际融资额是否达到目标融资额的一定比例（100%或其他）来判定该项目是否成功，因为无论捐赠多少，都可以去帮助他人，都会把资金寄给需要帮助的人。从另一个方面讲，公益众筹项目中存在大量的长期捐赠项目，并不存在失败一说。所以，在所有结束的公益众筹项目中，没有筹集到资金的失败项目占比很少。奖励类众筹项目相对股权众筹项目的单项筹资金额少，而且回报较快，所以成功率会高出一大截，更重要的是，对于一些大型奖励众筹平台和混合众筹平台，奖励众筹项目可以依靠淘宝、京东等电商网站获得巨大的人气，项目很难失败。以淘宝众筹为例，结束的全部项目都获得成功，更有超募资金100倍以上的超人气项目。和奖励众筹相比，股权众筹项目就要小众许多，有些平台连查看项目都需要符合一定资格或者投资人可见。这当然有保护股权项目的知识产权的考虑，但客观上也使得一些感兴趣但又不那么热衷的潜在投资人流失。同时，股权项目回报期长，难以短时间内出现赚钱效应，人气增长不够快，造成了项目越多，越难以达到融资目标金额，成功率降低。

虽然目前债权众筹业务尚在其发展初期，但就已有的成功经验来归纳，其基本的运行规则应该是：第一，筹资项目必须在发起人预设的时间内达到或超过目标金额才算成功。第二，在设定的筹资期限内，达到或者超过目标金额，项目即成功，发起人可获得资金；筹资项目完成后，支持者将得到发起人预先承诺的回报，回报方式可以是实物，也可以是服务，如果项目筹资失败，那么已获资金全部退还支持者。第三，众筹不是捐款，支持者的所有支持，包括物力还是人力方面的，基本还是要设有相应的回报机制。

三十四、尝试一下网上银行贷款的高效率

网上银行又称网络银行、在线银行，是指通过互联网向用户提供开户、销户、查询、对账、信贷、网上证券、投资理财等传统服务项目，使用户可以足不出户就能安全便捷地管理存款、贷款及其投资理财等，还可以为用户提供跨国的支付与清算等其他贸易、非贸易的银行业务服务。网上银行包含两个层次的含义：一是指通过信息网络开办业务的银行；二是指银行通过信息网络提供的金融服务。目前，各家网上银行都开办有网上放贷业务，但申请贷款必须首先开通网上银行业务。

个人开通网上银行业务流程的具体操作步骤如下：携带本人身份证等有效证件和银行卡或存折去银行进行开户；填写个人网上银行申请书，交给银行工作人员；在银行开户成功后，会收到开户成功的短信提示；开通后，银行大堂的工作人员会为用户激活网银，确保回家后可以正常简单使用；30 天内访问相关银行网站，点击首次登陆，按提示进行操作；采用动态密码用户登录或数字证书用户登录；顺利开启网上银行的使用之旅。

企业网银的开通的基本操作步骤如下：用户持营业执照副

本、经办人身份证件及企业授权书（授权经办人办理相关手续）向当地商业银行申请，签订《网上银行企业用户服务协议》，并填写书面的网上银行企业用户申请表，到账户的开户会计柜台办理账户的签约登记手续。银行将分配一个唯一的用户识别号，此用户识别号为登录网银系统时所必须使用的。其中企业证件及经办人身份证件留存复印件。用户申请成功后次日，登录商业银行网站，点击“网上银行服务”后，选择“证书下载—简版企业银行证书”，输入用户的用户识别号与证书下载密码（默认为签约时登记证件号码的后六位），自行下载用户端证书。点击“确定”，页面显示证书号和登录密码（请记录下来备用），点击“下载证书”，弹出页面：选择“生成证书”，根据页面提示生成证书即可。证书下载成功后即可登录商业银行网站，点击“网上银行服务”，使用简版企业用户服务。登录商业银行网站，并点击“网上银行服务”—“简版企业银行”。账户签约并成功下载证书后，用户即可使用网上银行。用户下载证书后及时备份一份到软盘或其他介质中，便于证书损坏或丢失时重新导入。

农户若有网上银行贷款需求，无需再到银行网点，轻松操作鼠标，几分钟即可获得银行贷款。网上银行会随时准备向符合其条件的农户提供他们所需要的各种期限和数额的贷款。目前网上贷款的主要业务形式有：（1）抵押贷款。即指借款人向银行提供一定的财产作为信贷抵押的贷款方式。（2）信用贷款。即银行仅凭对借款人资信的信任而发放的贷款，借款人无须向银行提供抵押物。（3）担保贷款。即以担保人的信用为担保而发放的贷款。（4）贴现贷款。即指借款人在急需资金时，以未到期的票据向银行申请贴现而融通资金的一种贷款方式。

目前，各家网上银行贷款业务为个人用户提供线上额度申请、个人授信项下在线提款、贷款信息查询及部分产品的提前还款服务。农户需要时，需要登录银行官方网站，进入个人网银普通版，再进入在线贷款项下的“额度申请”按钮进入。而后填写好各项资料后即可提交申请。请注意，个人资料一定要真实准确。可使用证书版网银进行线上申请，系统审核后自动放款，无需人工审查。对于网银用户的贷款偿还，大多数银行都提供了多种还款方式，在选择时，用户根据需要自由选择。其中，等额本息还款方式是指借款人采用分期还款时，借款人按期以相等的金额偿还贷款本息而利息分期结清的还款方式；等额本金还款方式是指借款人采用分期还款时，借款人按期以相等的金额偿还贷款本金而利息分期结清的还款方式。按季结息是指借款人每季度末月 20 日结清当期贷款利息，于贷款到期日结清全部贷款本金及未偿还贷款利息的还款方式。采用该还款法的贷款总期限不得超过 3 年（助学贷款除外）。利随本清是指全部贷款本金及利息于贷款到期日一次性全部结清的还款方式。采用该还款法的贷款总期限不得超过 1 年。为了向广大个人用户提供便利的网上贷款申请服务，网上申请可 24 小时提交，银行接到申请后，会安排距离用户最近网点的用户经理主动与用户联系，提供有关的咨询并安排贷款事宜。同样的额度、同样的三步申请，一分钟就可迅速匹配信贷经理。门槛更低、费率更低、品种更丰富。在网上贷款成功后，也可以做到足不出户，进行贷款情况的查询。需要说明的是，“在线提款”是针对符合线上提款条件的个人循环授信产品。用户可在线自助完成提款，款项实时划至贷款账号，用于查询用户在北京银行申请的个人贷款信息。用户针对符合线上提前还款条件的产品，可在线自助完成提前还款。用户点击“我的贷款”，可以查看所有的贷款情况。

同样，各家商业银行借助方便、快捷的互联网技术，也可一站式解决小企业融资申请难题。融资资金按需调动、自由归还，满足小企业随时随地的融资需要。无抵押、无担保也有机会获得一定的贷款融资。银行授信受理进度全程透明，专人全流程跟进，最快15个工作日获得融资。网上自助贷款做到了随借随还，融资资金根据企业需要循环使用。融资期限最短可1天以内，最长2年，企业自主选择、灵活使用。网上自主无纸化提款、付款，最快1个工作日内贷款资金到账，贷款使用情况网上及时查询。网上随时归还贷款资金，还款操作实时生效，企业省息更省心。网上支付账户资金不足时，系统自动补足差额，无缝使用企业授信。无需提款申请，无需漫长等待，贷款资金随用随到。

三十五、生产经营活动须产生足够的还贷现金流量才安稳

小微企业由于核算水平的限制，目前并没有现金流量表编制的要求，但并不是说现金流量对于贷款在身的小型企业就不重要。以往认为企业有盈利就有偿还贷款的来源，借款人就能偿还银行的贷款本息。但实际上，特别是在按权责发生制计算利润时，借款人有账面上的利润未必代表其有等额现金产生，也就不一定有还贷可能。只有在有现金流入量而且必须有足够的流入量（即使稍有亏损）时，借款人才有偿还可能。现金流量代表了借款人在一定会计期间内现金流入与现金流出的基本信息，能真实反映企业的偿债能力。借款人通过测算经营活动、投资活动和筹资活动及非常性项目所产生的现金流量及净现金流量来对企业还款能力做出综合判断。

小型企业能够产生的现金流量与大中型企业并没有本质的区别。实际上也是三类：经营活动产生的现金流量、投资活动产生的现金流量、筹资活动产生的现金流量。但由于小型企业的生产经营活动比较简单，因而其经营活动主要局限于企业购货、销货以及提供劳务的各种交易。投资活动主要局限于企业购置与处置非流动资产的各项活动，如收回对外投资本金、出

售固定资产和无形资产、购置固定资产和无形资产、购买股票和债券。筹资活动主要局限于企业接受所有者投资、向股东提供投资回报、接受债权人借款、到期偿还债务等活动。

借款人在使用贷款的过程中要注意自己的产品赊销政策的把握、要注意自己经营中进货付款技巧的把握、要注意自己未来再借款的可能、要注意自己未来股东继续投入的可能、要注意自己由于季节性经营可能在未来还款期到达时出现现金不能足额到位的问题。借款人能够对自己未来的现金流有个提前的规划与预判，并在此前提下安排好企业的产品赊销政策和用款计划，自然会在贷款到期前心里踏实、沉着坦然。

有些规律并不难懂，在正常经营情况下，借款人不能没有赊销而促进业绩，不能没有大量赊购而缓解资金紧张，也不能不购买足够的存货，同时还要支付职工工资、销售费用、管理费用。此外，还要支付利息、缴纳税款。经营活动的现金流入在满足其现金基本流出需求后，才有可能用于还款。但是，借款人的经营项目如果在未来能够产生足够的现金流量，借款人应该判断自己能够偿还贷款。现金流量为正意味着现金流入量大于现金流出量，三种活动产生的现金收入足以支持三种活动所需的现金支出，而偿还贷款属于融资活动中现金流出的一部分，所以这种情况下的借款人能够偿还贷款是有足够根据的。但是，借款人还需要确定还款来源：将来是用正常经营活动产生的现金来还款，还是通过出售无形资产或设备还款？或是向其他银行借钱还款。需说明的是，如果自己预测未来现金净流量为负只意味着现金流入总量小于现金流出总量，而偿还贷款只是现金流出的一部分，所以借款人自己仍有偿还贷款的可能。借款人能否偿还贷款还需要进一步分析。理论上讲，只要是企业存在能够足额正常变现的资产，就能够产生还贷的资金保证。特别是抵押和质押贷款，商业银行并不担心收不回来贷款本金和利息。这里面最关键的还是贷款活动对企业的经营活动正常开展能否产生一定的负面压力。说到底，经营活动的正常进行是企业能够正常还贷并保持自身正常发展的关键。通过处置非流动资产和投资来换取还贷的现金流、或者是借新债还旧债来度过还贷危机，只能说是“杀鸡取卵”，企业迟早要倒闭关门。

三十六、贷款偿还出现困难时放贷银行会采取哪些做法来保护自身利益

以法律的视角来看，当小微企业贷款收回出现风险征兆的时候，商业银行出于自身利益的考虑必会对贷款收回采取相应的保全办法。贷款的保全实质是债权的保全。债权保全是指债务人怠于行使权利或为其他行为致使其财产不当减少而危及债权的实现时，法律允许债权人以自己的名义对债务人的行为或债务人与第三人的行为行使一定的权利，以排除对债权的危害，保障债权的实现。作为拯救债权效力之乏力的制度，债权保全是指对债权人权益的保护。该涵义包括债权人代位权和债权人撤销权。法律赋予债权人这两种权利目的在于恢复债务人一般担保财产的资力，以确保债权获得清偿。债的保全是民法的一项重要制度，也是债法的重要内容。

虽然贷款逾期未还的原因各种各样，但当贷款逾期出现后，银行信贷人员最常见的做法还是向借款人发放“催收逾期贷款通知书”，以表示权利人已向义务人提出了权利请求。同时，信贷人员还会要求借款人在“催收逾期贷款通知书”上签字或盖章。最高院法释 2008 年 11 号司法解释第十条第一

款规定“当事人一方直接向对方当事人送交主张权利文书，对方当事人在文书上签字、盖章或者虽未签字、盖章但能够以其他方式证明该文书到达对方当事人”，确保手续的合法性，证据的可采性。关于在“催收逾期贷款通知书”签章是否必须是借款人本人，最高院法释2008年11号司法解释第十条规定“对方当事人为法人或者其他组织的，签收人可以是其法定代表人、主要负责人、负责收发信件的部门或者被授权主体；对方当事人为自然人的，签收人可以是自然人本人、同住的具有完全行为能力的亲属或者被授权主体”。由此可见，在签章过程中，不一定非要借款人本人签章。为企业贷款的，可以是法定代表人、主要负责人或者是收发室进行签收；为自然人贷款的，可以是借款人的配偶、同住的父母或者是借款人的委托代理人。以上签收人必须符合《民法通则》第十一条的规定。

扣收借款人账户利息或本金是借款人在放贷银行存有活期或者定期存款条件下的一种保全做法。采用这种方法来中断诉讼时效其法律依据是最高院法释2008年11号司法解释第十条第三款规定“当事人一方为金融机构，依照法律规定或者当事人约定从对方当事人账户中扣收欠款本息”的做法是《合同法》规定的抵销权在诉讼时效制度中的体现。抵销，是指双方当事人互付债务时，各以其债权充当债务之清偿，而使其债务与对方的债务在对等额内相互消灭。抵销依其产生的根据不同，可分为法定抵销和合意抵销两种。《合同法》第九十九条规定：“当事人互付到期债务，该债务的标的物种类、品质相同，任何一方可以将自己的债务与对方的债务抵销，但依照法律规定或者按合同性质不得抵销的除外”，该条款揭示了法定抵销权的内涵，在银行实务当中如果运用了法定抵销权，应当注意到以下几个方面：（1）借款人在贷款银行开户且账户有余额；（2）借款人的贷款已经到期且开始动用银行账户资金。法定抵销要求双方债务已经到期，在银行贷款实务当中必须分两种情况进行考虑。第一种情形：贷款到期以后，借款人如果在贷款行开活期账户的，那么双方当事人在这一存款法律关系当中，签订的是不定期合同关系，《合同法》第六十二条第四款规定：履行期限不明确的，债权人可以随时要求履行。因此，当借款人提出要动用银行账户资金时，原来的不定期合同则转变为定期合同，并在提出这一请求的时候，该合同即已到期，在这一时刻放贷银行可以进行扣收利息或者本金来保全时效。第二种情形：贷款到期以后，借款人如果在贷款行开立定期存款账户，那么放贷银行应当等到存款到期以后进行扣收，但是必须注意定期存单的存期，应当控制在一年或两年，否则对于保全银行债权诉讼时效就没意义了：如果借款人未到期提前支取的，我们可以在支取当日进行扣收贷款利息或者本金。但是，《合同法》第九十九条第二款规定“当事人主张抵销的，应当通知对方。通知自到达对方时生效”。因此，在扣收利息或本金时放贷银行常会向借款人发送通知函件。需要说明的是，如果放贷银行与借款人在签订借款合同时，约定贷款人可直接从借款人存款账户中直接扣收贷款本金和利息，只要达成协议抵销即可，并不要求双方债权均已到期。

如果放贷银行发现借款人逃避债务且已经不知踪迹，无法向其主张债权，这时候放贷银行通常会对主张权利内容进行公告，使其达到保全债权时效的目的。最高院法释2008年11号司法解释第十条第四款规定了“当事人一方下落不明，对方当事人在国家级或者下落不明的当事人一方住所地的省级有影响的媒体上刊登具有主张权利内容的公告的，但法律和司法解释另有特别规定的，适用其规定”的重要法律依据。主张权利公告的方法会产生一定的花费，只在特定的情况下才会加以使用。

当然，义务人向权利人承认其权利存在并愿意履行义务在银行信贷业务中主要有以下几种方式：请求延期给付、提供担保、支付利息或者贷款的部分偿还。

进入司法诉讼程序后，商业银行对借款的保全做法主要是：要求法院采取查封、扣押、冻结或者法律规定的其他方法。其中，查封主要是针对不动产或者体积较大、不易移动的财产；扣押则是异地扣留；而冻结则针对银行存款或者股票等有价证券。法律规定的方法还有：保存价款，即如果查封、扣押的财产不易长期保存或者保存所需成本过高，则可以责令当事人及时处理，由人民法院保存价款；必要时，也可以由人民法院予以变卖来保存价款。扣押房屋、车辆等财产权证照，并通知有关产权登记部门。需要说明的是，法院可以保全抵押物、留置物，但是，抵押权人、留置权人有优先受偿权。这是因为当事人以其财产设立抵押、留置属于民事担保行为，而财产保全属于人民法院的司法行为，虽然人民法院可以对存在抵押、留置担保形式的财产进一步采取查封、扣押等保全措施，但是，这一司法行为并不能否定民事抵押、留置行为的法律效力，因此，抵押权人、留置权人仍然有优先受偿权。保全第三人财产，即债务人的财产不能满足保全请求，但对第三人有到期债权的，人民法院可以依债权人的申请裁定该第三人不得对本案债务人清偿。该第三人要求偿付的，由人民法院提存财物或者价款。

对于抵押贷款，商业银行会及时对抵押物进行保全；对于保证贷款，商业银行会依法对保证人进行催收，督促其履行保证责任；对于部分小额的由企业主个人保证的贷款，商业银行会对贷前借款人提供的资产情况进行再次落实、调查，看资产所有人是否改变，看资金账户是否锐减，看家庭成员工作、住址是否发生迁移。若有变化，商业银行会果断落实诉前保全。从司法实践来看，即使企业倒闭，企业实际控制人的个人资产或其他经营实体的资金还可归还贷款；同时，多方融资，也能解企业燃眉之急。因而在保全之前，商业银行主要是做好保全之前的企业调查工作。既要关注企业的情况，还要关注其上下游客户的情况，尤其是其与上下游客户资金的结算情况。进入保全阶段的小微企业贷款的资金走向会受到商业银行的严密监控，并将资金汇入企业作为首要关注对象。

当商业银行发现抵押财产贬值时，通常会追加借款人的有效资产作抵押，落实互保、无效抵押变有效抵押担保的实际控制人，将其个人财产追加进去，完善贷款手续，加强有效抵押力度。商业银行在选择起诉对象时，通常会有目标地选择有还款能力、诉讼、执行收效好的债务人为起诉对象，并进行分析，估算每笔贷款代理费、诉讼费、执行费及其他相关费用的支出，预计实际能收回的贷款本息，权衡利弊，目的是起到敲山震虎的作用，最大限度地清收贷款。